Ulrich Klever
Alles, was schlank macht

Ein Band der Reihe
»Feinschmecker-Kochbücher«

Ulrich
Klever

Alles, was schlank macht

Das Mini-Kalorien-Kochbuch zum Abnehmen und Gesundbleiben

Gräfe und Unzer Verlag

Für meine Frau Eva, die es nicht nötig hat, mir aber half, indem sie wacker mitaß.
Und meinen Freunden Gerd und Klaus, die es auch schafften.
Sowie den Dicken, in deren Kreis ich mich nach wie vor wohl fühle.

3. Auflage – 48. Tausend
Verbesserte und erweiterte Neuausgabe 1972

Die Farbfotos gestaltete das Teubner-Studio, Füssen, die Zeichnungen Brian Bagnall, München.
Druck des Textteils Buch- und Offsetdruckerei Georg Wagner, Nördlingen, der Farbtafeln und des Einbandes Pera-Druck Hanns Haug KG, Gräfelfing bei München.
Bindung: Großbuchbinderei Monheim (Schwaben).
ISBN 3-7742-3217-2

Inhalt

Der Kampf um die Schlankheit – Kritik der populärsten Abmagerungsdiäten 39

Vom richtigen Schlankwerden 53

Schlankheit geht durch den Kopf

Liebe geht durch den Magen, sagen die Frauen und füttern die Männer krank. Aus Rache haben die Männer die verschiedensten Wunderkuren erfunden, mit denen die Frauen versuchen, sich schlank zu machen, wobei sich schlank auf krank nicht ganz ohne Grund reimt.
Dieses Buch enthält keine Wunderkur. Es basiert auf eigenen Erfahrungen, die ich gewann, als ich im vergangenen Jahr 20 Kilo abnahm. Diese Geschichte möchte ich Ihnen zur Einleitung erzählen. Entschuldigen Sie, wenn ich dabei vielleicht in den Ton eines geheilten Sünders verfalle, der vor der Heilsarmee verkündet: *Ich habe gefressen und gesoffen, gepraßt und geschlemmt, doch dann kam die Erleuchtung, und nun bin ich nicht mehr ein solcher!* Es schleichen sich leicht pharisäerhafte Töne ein, wenn man eine Sucht überwunden hat und wenn man von ihrer Überwindung erzählt. Nehmen Sie es nicht zu tragisch: ich esse nach wie vor leidenschaftlich gern.
Ich finde es sogar wichtig, daß man gerne ißt. Denn dann wird man mit aller Raffinesse versuchen, beides zu kombinieren: die Befriedigung der oralen Lust – wie die Psychologen so fein das Schlemmen nennen – und das Abnehmen.
Bei mir fing es mit der jährlichen Routine-Untersuchung an. Die General-Inspektion fiel nicht zufriedenstellend aus: ich mußte zum Menschen-TÜV in die Klinik. Dort sagte man mir recht klipp und klar, daß 105 Kilo selbst bei 1 Meter 90 Größe kein Idealgewicht seien und daß ich mindestens 15 Kilo abnehmen müsse, wenn ich nicht in ernsthaftere

Schwierigkeiten kommen wolle. Nun war mir die Tatsache mit meinem Gewicht grundsätzlich klar gewesen: ich habe ja oft genug über Ernährungsprobleme geschrieben und mich mit vielen Fachleuten darüber unterhalten. Aber zwischen Theorie und Praxis liegen breite Abgründe. Ich hatte mein Gewicht seit gut zehn Jahren unverändert gehalten, mich nicht schlecht dabei gefühlt und eben zu gerne gegessen. Anflüge von Eitelkeit – immer wenn der Sommer kam und ich mich in Badehose im Spiegel betrachtete, fand ich mich nicht schön – ließen mich gängige Wunderkuren versuchen. Doch das Hungern bekam mir nicht, Weizen-Gel fand ich geschmacklich schrecklich, nur harte Eier belasteten meinen Magen, und so schaffte ich eigentlich immer nur 2 bis 3 Kilo, die wieder Platz für einige besonders opulente Mahlzeiten brachten. Das gelegentliche Abnehmen war nur ein Puffer dafür, daß ich nicht noch mehr zunahm. So hatte ich mir ein festgemauertes Dicken-Image geschaffen: ich brauchte es für den Bildschirm, gegen die Nervosität der Arbeit und was man sich sonst noch alles einreden kann. Der Schock in der Klinik war für mich notwendig.

Die Ernährungsberaterin unterhielt sich mit mir über eine 1500-Kalorien-Diät. Aber das, was ich dann noch zwei Tage lang dort zu essen bekam, hätte mich vielleicht schlank, aber auch seelisch krank gemacht. Ich wollte keine Diät essen – damit ich es nicht ein Leben lang muß, wollte ich ja abnehmen –, sondern richtig essen, mit Genuß. Schlemmen, ohne zu fressen.

Ich kam darauf, daß man mit dem Kopf abnehmen muß. Man muß sich dünn denken. Das heißt, zuerst muß Bilanz gezogen und ein bißchen gerechnet werden. Ehrlich und ohne das Dicken-Mätzchen *Ich esse doch kaum etwas!*

Ich nahm mir eine Kalorientabelle und rechnete einmal genau aus, was ich so an einem Tag verdrückt hatte. Inklusive der Bierchen, des Whiskys, der Pralinen, Salznüßchen, des Betthupferls und der wirklichen Mittagsportionen. Das Ergebnis war erstaunlich: meine Tagesmenge bewegte sich in den Bereichen, die höchstens niederbayerische Holzfäller ohne motorisierte Baumsäge essen dürfen.

Dann überlegte ich mir, wo und was ich ohne allzu großen Jammer einsparen könnte. Da Fett der größte Kalorienbringer ist, wurde es rigoros gestrichen. Wir stellten fest, daß Gemüse, in wenig gewürztem Wasser gedünstet, genauso gut ist wie in 50 oder 70 Gramm – wer achtet beim herkömmlichen Kochen schon auf die genaue Menge – Fett geschmort. Wer aber gar nicht auf den Glanz und den Geschmack verzichten will, der gebe zum Schluß 10 Gramm frische Butter daran oder einen Teelöffel Keimöl. So einfach ist das!

Gestrichen wurde auch der Zucker und durch Süßstoff (in Maßen) ersetzt. Wo ich ihn unbedingt zum Würzen brauchte, nahm ich Honig oder Fruchtzucker, da beide keine Vitamine der B-Gruppe aufzehren. Mit Fruchtzucker ist aber nicht der reine Traubenzucker gemeint, der nach kurzer Sättigung starkes Hungergefühl hervorruft, sondern Fructase (Reformhaus). Schwer wurde mir der Verzicht auf abendliche Schokolade, Marzipan, Pralinen – da mußte ich eben eisern bleiben.

Mein weiteres Problem: ich hatte immer sehr große Portionen gegessen. Deshalb nahm ich jetzt einen kleineren Teller und aß viel kalorienarmes Gemüse, so daß die Illusion der großen Portion bestehen blieb. Im Verlauf des Abnehmens bekommen Sie weniger Appetit, Sie wollen gar nicht mehr fressen. Der Volksmund sagt dann: *der Magen schrumpft zusammen;* in Wirklichkeit aber ist es das Zentrum im Zwischenhirn, das Ihren Appetit wieder normal steuert. Wer jahrelang über das Sattsein hinaus gegessen hat, der hat es gelernt, den Steuerungsmechanismus zu überhören, oder er hat den Appetitschalter so ausgeleiert, daß er nicht mehr funktioniert. Sie können sich eines dieser beiden Bilder zu eigen machen. Wenn Sie anfangen, bewußt zu essen, dann funktioniert auch das Appetitzentrum wieder: Ihr Magen ist kleiner geworden.

Überhaupt ist das bewußte Essen der Schlüssel zu jedem Abmagerungserfolg. Wenn Sie sich einmal darüber klar geworden sind, daß ein dickgestrichenes Leberwurstbrötchen dreimal soviel Kalorien hat wie 2 Scheiben Vollkornbrot mit Lachsschinken, daß zwischen einem Becher Mager- und Sahnejoghurt ein Unterschied von 80 Kalorien besteht und daß ein 150-Gramm-Steak genauso satt macht wie eine 100-Gramm-Tafel Schokolade, nur daß das Steak 200, die Schokolade aber 550 Kalorien hat, dann sind Sie ganz nahe am Erfolg. Merken Sie sich: Der Magen zählt die Kalorien nicht, das müssen Sie schon mit dem Kopf tun.

Ich habe es allerdings nur die ersten 4 Wochen gemacht. Dann wußte ich etwa, was ich essen durfte, und heute – 40 Pfund leichter – esse ich eigentlich wieder normal.

Die ersten Wochen sind die schwersten. Ich war besonders streng zu mir, fast sektiererisch heikel. Aß fast kein Fett und verkündete das auch oft genug meiner Familie. Mit Sprüchen über schweres Blut, das sich träge durch die mit Cholesterin-Stalaktiten verhängten Adern quält, versuchte ich mir eine Fett-Phobie (Fett-Abneigung) einzureden, um mich von meiner Fettvorliebe zu heilen. Doch da Abnehmen zu neunzig Prozent richtig angewandte Psychologie ist, half mir diese Autosuggestion über die erste Zeit der Kasteiung. Denn wenn Sie eine Gewichtsabnahme angehen, dann sollten Sie streng beginnen. Es ist leichter, nach einiger Zeit die Zügel etwas lockerer zu lassen, wenn man sich vorher in Konsequenz und Selbstdisziplin geübt hat. Da ich mich kannte, habe ich in dieser Zeit kein Stückchen Schokolade oder andere Süßigkeiten im Hause gehabt.

Im Laufe der Abnehmerei – ich schwand dahin wie Butter an der Sonne – entdeckte ich, daß viele unserer Vorlieben nur Gewohnheit sind. Marzipan war mir auf einmal zu süß, als ich mir an Weihnachten

ein Stückchen gönnen wollte, und fettes Fleisch widerstand mir. Das vormitternächtliche Betthupferl, das mich früher durch die Wohnung irren ließ, wenn nichts am Bett stand, bis ich irgendwo etwas Süßes gefunden hatte, ist mir völlig uninteressant geworden, und ab und zu ein Schnäpschen, sozusagen als Belohnung, macht mehr Spaß als die früher gedankenlos hinuntergekippten. Man kann sich im Essen umerziehen, ohne sein Feinschmeckertum zu verleugnen.
Als ich das mir gesetzte Soll von 90 Kilo erreicht hatte, war ich kaum noch stolz. Ich empfand es eigentlich als selbstverständlich. Und auch auf die Fragen vieler Leute »Fühlen Sie sich jetzt nicht viel leichter?« konnte ich eigentlich nur ehrlich antworten: »Nein, nur nicht mehr ganz so schwer!« Einen ersten Vorteil merkte ich dann bei den Fernsehaufnahmen. Während es sonst unter den Farbscheinwerfern immer »Klever im eigenen Saft« gab, schwitzte ich jetzt überhaupt nicht mehr. Und da wußte ich, daß sich das Magern doch gelohnt hatte.
Schwierig wurde es mit dem Gewichtstoppen. Ich bin noch weitere 5 Kilo hinuntergerutscht, ehe ich die Menge ausgetüftelt hatte, die ich brauche, um weder ab- noch zuzunehmen. Wieviel Kalorien das sind, weiß ich nicht, weil ich das Zählen wieder aufgegeben habe. Ich weiß, was viel Kalorien hat, und das meide ich zugunsten von kalorienärme-

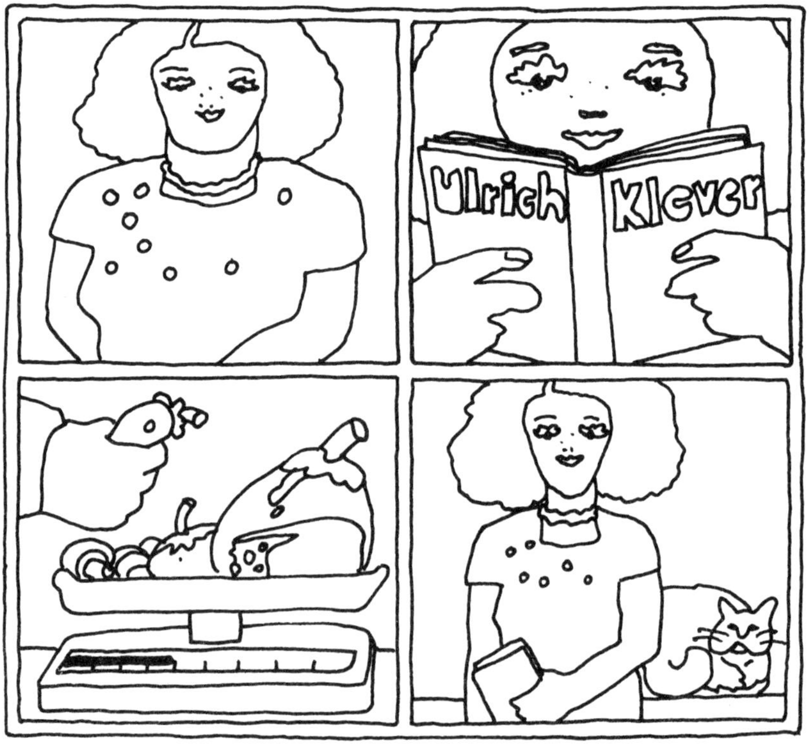

ren Schmankerln. Sonst stelle ich mich jeden Tag auf die Waage, morgens, vor dem Frühstück, nackt. Und dann kann man kleine Schwankungen korrigieren.
Das ist meine Geschichte.
Da ich solchen Erfolg damit hatte, habe ich dieses Buch geschrieben. Es soll Ihnen helfen, mit ähnlichen Problemen fertig zu werden. Es soll Ihnen helfen, bewußt zu essen, und Ihnen alle Tricks zeigen, wie und wo man Kalorien einsparen kann, ohne daß Sie jetzt ein Leben lang Kalorienzähler werden sollen. Ich möchte aber mit Ihnen auch über alle Schlankheitsdiäten sprechen, über nützliche und unnütze, denn ich finde, man wird durch die vielen Thesen mehr verunsichert, als daß einem geholfen wird. Ich will Ihnen aber auch zeigen, wie wenig eigentlich die Ernährungswissenschaft weiß.
Ich will Sie über alles das gut lesbar informieren. Und hoffe, daß Sie, wenn Sie dieses Buch durchgeschmökert, ausprobiert oder studiert haben, mit Ihrem Gewicht genauso fertig werden wie ich. Dann dürfen Sie dieses Buch getrost in die Ecke stellen. Es hat sich dann aber auch gelohnt.
Wenn Sie zuvor auf einen Blick wissen wollen, worauf es beim richtigen Abnehmen ankommt, dann prägen Sie sich die folgenden zwölf Gebote ein.

Das Eins-Zwei-Zwölf vom richtigen Abnehmen

1. Zunächst sollte der individuelle Kalorienbedarf genau ausgerechnet werden (Genaueres ab Seite 17).

2. Das zu erreichende Idealgewicht errechnen und die Zeit bestimmen, in der man es erreichen will (Methode: Seite 52).

3. Die Mahlzeiten darf man sich mit Bedacht und unter ganz feinschmeckerischen Gesichtspunkten zusammenstellen. »Friß die Hälfte« ist nicht der Abnehme-Weisheit letzter Schluß (siehe Seite 44).

4. Mit den bisherigen Eßgewohnheiten ab heute brechen! (Wie man das macht, steht auf Seite 62 f.)

5. Alle bisherigen Eß-Sünden und -Süchte feststellen und diese ab sofort vermeiden. Damit ist die Abmagerei schon fast gewonnen. (Siehe Seite 25 f.)

6. Nur wer weiß, warum er zu dick ist, kann richtig abnehmen (Näheres ab Seite 17).

7. Bewegung macht schlank, auch wenn das noch so bagatellisiert wird. (Mehr darüber auf den Seiten 35 und 36.)

8. Das körpereigene Fett muß mobilisiert werden! (Wie, steht auf Seite 65.)

9. Eiweißreich und fettarm (siehe Seite 66) und vor allem kalorienreduziert (siehe Seite 131) essen!

10. Beim Abnehmen alle Tricks benützen, denn Fett ist ein arger Feind (ganz viele Tricks ab Seite 72).

11. Eine Kalorientabelle und eine Badezimmerwaage sind unbedingt benötigte Hilfsmittel! (Genaueres auf Seite 60.)

12. Es gibt beim Abnehmen keine Wunder! (Warum nicht, steht auf Seite 39.)

Was heißt überhaupt - essen?

Der Mensch ist, was er ißt! Ein geistreiches Wortspiel, das die grundlegenden Beziehungen zwischen Organismus, Gesundheit und Nahrung ganz präzise definiert. Doch leider nehmen wir meist nur die geistreiche Formulierung wahr, in der Praxis stellen wir aber keinerlei Beziehung her zwischen aufgenommener Nahrung und dem, was sie aus unserem Körper macht. Schlicht gesagt, wir essen gedankenlos oder nur von der Lust geleitet alles, was uns unter die Gabel kommt.

Wir essen gedankenlos

Soweit das Problem von der ernährungswissenschaftlichen, der technischen Seite her gesehen. Wir dürfen aber auch nicht die kulturellen, psychologischen und soziologischen Komponenten außer acht lassen, die unser Essen beeinflussen. Es ist eben mehr als nur Nahrungsaufnahme: Vorurteile gehören dazu, Erziehung, religiöse Überlieferung, ein gewisses Stammes- oder Nationalgefühl und Gewohnheit, Gewohnheit, Gewohnheit.

Wir haben es nie gelernt

Doch fangen wir mit der Technik an. Daß wir hier so wenig Bescheid wissen, ist nicht unsere Schuld. Wir haben es nie gelernt, von der Mutter nicht, in der Schule nicht, und unsere Kinder werden es sich sehr wahrscheinlich auch selbst beibringen müssen, denn es gibt zwar an jeder deutschen Universität ein Institut für Tier-Ernährung, aber an allen Universitäten zusammen zwei für die Ernährung des Menschen.
Wenn wir mit unserem Gewicht fertig werden wollen, müssen wir zunächst einmal das Wichtigste über unsere Ernährung wissen. Fangen wir doch gleich einmal mit einem Begriff an, mit dem wir alle ständig herumwerfen, mit der Kalorie.

Was ist eine Kalorie?

calor = Wärme

Können Sie hier und an dieser Stelle diesen eigentlich physikalischen Begriff definieren?
Die Kalorie (lateinisch *calor* = Wärme) ist eine Maßeinheit, und zwar die Energiemenge, die nötig ist, einen Liter Wasser um ein Grad zu erwärmen.
Was hat das aber mit Dickwerden und Abnehmen zu tun?
Vergleichen wir den Körper einmal mit einem Motor, der Brennstoff braucht, um zu arbeiten. Denn er atmet ja, das Herz pumpt das Blut durch den Körper, die Nieren filtrieren es: das alles verbraucht Brennstoff, Energie – auch wenn der Körper ruht. Den Verbrauch, den er dann hat, nennt man Grundumsatz, und er beträgt bei einem normalen Menschen 1700 Kalorien pro Tag.

Energie wird in Kraft und Wärme umgesetzt

Nun ist in allen Nahrungsmitteln Energie gespeichert, so wie in der Kohle oder im Benzin, um bei unserem Motorvergleich zu bleiben. Diese Energie wird im Körper in Kraft und Wärme umgesetzt, und da die Wissenschaftler alles messen, ist auch die Nahrungsenergie gemessen worden. Bereits zum ersten Mal zur Zeit der Französischen Revolution durch den Grafen Rumford. Er hat auch die Kartoffel nach Bayern eingeführt, und nach ihm ist die *Rumfordsuppe* benannt, kein kalorienarmer Schlankmacher, da sie aus Kartoffeln, Graupen und Hülsenfrüchten besteht.
Wer also leben und arbeiten will, braucht Kalorien.

1 Eßlöffel Öl bringt 1 l Wasser zum Kochen

Das klingt alles noch recht abstrakt und ist schlecht vorstellbar. Wenn wir aber hören, daß ein Gramm Fett 9,3 Kalorien enthält und daß so ein bißchen Butter einen Liter Wasser um neun Grad erwärmen kann oder daß 10 Gramm Öl (das ist ein Eßlöffel voll) schon genügen, um einen Liter Wasser zum Kochen zu bringen, dann verstehen wir den Vergleich mit dem Brennstoff und der Energie schon eher.
Unser Körper, jetzt einmal als Ofen gesehen, brennt ständig mit einer Temperatur von 37 Grad. Das bedeutet, wie wir schon wissen, Brennstoffbedarf von 1700 Kalorien. Allein für daliegen, leben und Wärme erzeugen. Tun wir mehr, dann verbrauchen wir auch mehr Kalorien. Wieviel, wurde auch genau ausgerechnet.
Bei dieser Tabelle kann ich Ihnen nur Richtlinien geben. Denn Bewegung ist nicht gleich Bewegung, wie wir später noch bei den *»guten Futterverwertern«* sehen werden. Sie können sich allerdings an Hand dieser Tabelle Ihren Kalorienbedarf etwa ausrechnen. Zum Grundumsatz von 1700 Kalorien kommt folgender Kalorien-Mehrverbrauch pro Stunde:

0	liegen schlafend
10	liegen wach
20	sitzen

40	stehen
100	gehen
20–40	Arbeit mit den Händen, wie maschineschreiben, spülen
60–80	Arbeit mit den Armen, wie bügeln, anstreichen, staubwischen
200–500	Arbeit mit dem ganzen Körper, wie Gartenarbeit, Gymnastik

Körpergewicht in Kilo × 25

Wenn Sie rechnen wollen: Grundbedarf (die angegebenen 1700 Kalorien sind nur ein Mittelwert) = Körpergewicht in Kilo × 25. Das heißt: Dicke haben einen größeren Grundbedarf als Dünne. Dazu kommen die Körperhaltungen von Mitternacht bis Mitternacht und dazu die Tätigkeiten. Geistige Arbeit läßt sich nicht in Kalorien messen.

Darf ich Ihnen zwei verschiedene Personen ausrechnen?

SIE, 37 Jahre alt, Gewicht fast ideal mit 63 Kilo, hat einen Grundbedarf von 63 mal 25 = 1575 Kalorien.

Sie ist Hausfrau und erledigt auch noch Schreibarbeiten für ihren Mann. Sie schläft 8 Stunden = 0 Kalorien, liegt 1 Stunde wach oder lesend = 10 Kalorien.

2 Stunden spazierengehen = 300 Kalorienverbrauch

Von den restlichen 15 Stunden des Tages verbringt sie 8 Stunden aufrecht = 320 Kalorien und 7 Stunden sitzend = 140 Kalorien. Von den aufrechten Stunden geht sie 2 mit dem Hund spazieren = 300 Kalorien, 1 Stunde einkaufen = 100 Kalorien, 5 Stunden verbringt sie mit leichter und schwerer Hausarbeit = 300 Kalorien. Von den 7 sitzenden Stunden schreibt sie 3 auf der Schreibmaschine = 90 Kalorien. Das ergibt einen durchschnittlichen täglichen Kalorienbedarf von 2835, wenn sie ihr Gewicht halten will und tatsächlich das alles tut.

ER, 40 Jahre alt, Gewicht fast ideal mit 80 Kilo, hat einen Grundbedarf von 80 mal 25 = 2000 Kalorien.

Er ist Büroangestellter, fährt mit dem Wagen ins Geschäft und treibt kaum Sport. Er schläft 8 Stunden = 0 Kalorien, liegt 2 Stunden wach oder lesend = 20 Kalorien.

10 Minuten Treppensteigen = 180 Kalorien

Von den restlichen 14 Stunden des Tages verbringt er 11 sitzend und 3 in aufrechter Haltung = 220 plus 120 Kalorien. Von den aufrechten Stunden geht er $1/2$ mit dem Hund spazieren = 75 Kalorien, steigt 10 Minuten Treppen (als Ausgleichssport) = 180 Kalorien und geht weitere 40 Minuten (zum Auto, vom Parkplatz, im Büro) = 70 Kalorien. Von den sitzenden Stunden verbringt er 7 mit leichter Arbeit = 140 Kalorien. Das ergibt einen durchschnittlichen Tagesbedarf von 2825 Kalorien, wenn er nicht zunehmen will. Ein typisches Beispiel übrigens dafür, daß der größere Mann sogar weniger Kalorien braucht als seine kleinere Frau. Weil Hausarbeit mit allem Drum und Dran doch die schwerere Arbeit ist.

Zurück zum menschlichen Ofen.

Was sind schon 10 Kalorien zuviel?

Wenn man einen normalen Ofen mit mehr Kohlen füttert, gibt er mehr Hitze ab, bis er schließlich glüht. Das können wir nicht, denn sonst müßten 80 Prozent unserer Bevölkerung immer hohes Fieber haben. Wir speichern das Zuviel an Feuerung als Fettdepot für schlechte Zeiten. Wobei der Ofenvergleich eigentlich genau stimmt: bei höherer Außentemperatur brauchen wir weniger Brennstoff und bei einem kalten Bad verbrauchen wir zusätzliche Kalorien. Wer sich morgens kalt duscht, kann runde 60 Kalorien mehr essen.

Kalt duschen = 60 Kalorien

Der Körper speichert deshalb Fett, weil ihm Fett bei kleinstem Gewicht die größten Energiereserven bringt. Und damit kommen wir zu den Bausteinen unserer Ernährung.

Die heilige Zahl heißt drei

Es gibt drei Grundnährstoffe:
1. *die Kohlenhydrate* (1 Gramm = 4,1 Kalorien), die Zucker und Stärke enthalten. Also Brot, Kartoffeln, Reis, Nudeln, Süßigkeiten, alle Mehlprodukte, Gemüse, Salate und Obst.
2. *das Eiweiß* (1 Gramm = 4,1 Kalorien), das seinen Namen vom Eiklar des Hühnereis hat. Die wichtigsten Eiweißträger unserer Nahrung sind Milch, Quark, Fleisch, Fisch, Ei, Käse und Sojaerzeugnisse. Sie kann man mit Getreidekorn-Produkten, grünem Gemüse, Nüssen, Pilzen und Kartoffeln ergänzen.
3. *das Fett* (1 Gramm = 9,3 Kalorien), das zum Teil für den Körper lebensnotwendig ist, andererseits sich listenreich in unseren Körper einschleicht. Es ist nämlich nicht nur in Butter, Margarine, Öl, Speck, Schmalz oder sichtbar am Fleisch vorhanden. Es gibt es bei steigendem Wohlstand immer mehr als unsichtbares Fett in Wurst, Käse, Kuchen oder Konfekt.
Alle drei Grundnahrungsmittel brauchen wir in unserer Nahrung. Sie sollen aber wohlausgewogen sein.

Das ideale Essen

Das ideale Essen für den heutigen Menschen soll sich bei einem Bedarf von 2500 Kalorien aus 100 Gramm Eiweiß, 75 Gramm Fett und 350 Gramm Kohlenhydraten zusammensetzen. Dabei ist Eiweiß so besonders wichtig, weil es weder durch Fett noch durch Kohlenhydrate ersetzt werden kann. Kohlenhydrate können sich dagegen in Fett umwandeln, und bei praktisch kohlenhydratfreier Kost können auch Fette in den körperwichtigen Traubenzucker, der ja ein Kohlenhydrat ist, umgewandelt werden.
Eiweiß dagegen ist der Grundstoff des Lebens: immer wieder und jeden

Eiweiß ersetzt Körperzellen

Augenblick sterben in unserem Körper Zellen ab, die durch zugeführtes Eiweiß ersetzt werden müssen. Deshalb leiden bei Hungersnöten die Menschen am stärksten unter Eiweißmangel, und Eiweiß macht Menschen dynamisch und aktiv. Fehlt Eiweiß, so werden wir gegen die kleinste Infektion anfällig, und es entstehen Ernährungsmängel, die sich manchmal erst viel später zeigen. Deshalb ist auch der Satz »F. d. H.« (Friß die Hälfte) nicht der Weisheit letzter Schluß. Je stärker wir unsere Kalorienzufuhr einschränken, desto größer muß der Anteil an Eiweiß und desto geringer der an Fett werden.

Nicht radikal auf Fett verzichten

Allerdings dürfen wir auch nicht radikal auf Fett verzichten. Wenn wir jedoch wenig Fett zu uns nehmen, dann sollten wir es auf jene Fette beschränken, die die Wissenschaft »mehrfach ungesättigte Fettsäuren« nennt. Der Körper kann sie selbst nicht bilden, sie beschleunigen den Fettstoffwechsel und sie verringern den Fett- und Cholesteringehalt des Blutes und setzen seine Gerinnfähigkeit herab.

Kurze physiologische Einblendung: Es gibt dreierlei Fette:

1. die passiven gesättigten Fettsäuren (gesättigt, weil die Bindung ihrer Moleküle zueinander fester und geschlossen ist). Dies sind von der Struktur her feste Fette wie Kokosfett, Rindertalg, Margarine mittlerer Qualität, kalt gerührte Margarinen. Dieses Fett ist schwer verdaulich, wird langsamer verbrannt und lagert sich deshalb besonders leicht im Körper ab. Küchentechnisch gesehen lassen sich diese Fette durchweg höher erhitzen;

2. die neutralen, einfach ungesättigten Fettsäuren. Diese sind nicht so fest gefügt und deshalb im Stoffwechselgeschehen aktiver. Sie sind zu einem Teil in der Butter, dem Schweineschmalz und besonders stark im Olivenöl enthalten;

Lebensnotwendige Fettsäuren

3. die aktiven mehrfach ungesättigten Fettsäuren, die in der Natur nur flüssig vorkommen und die man auch essentiell nennt, weil sie lebensnotwendig sind und nicht von uns erzeugt werden können.

Am besten läßt sich die Fettsäurezusammensetzung in Prozenten der bekanntesten Speisefette aus der folgenden Tabelle ablesen:

Die bekanntesten Speisefette	*gesättigt*	*einfach ungesättigt*	*mehrfach ungesättigt*
Palmin	*92 %*	*6 %*	*2 %*
Butter	*52 %*	*41 %*	*7 %*
Schweineschmalz	*46 %*	*46 %*	*8 %*
Margarine	*60 %*	*25 %*	*15 %*
Diätmargarine	*52 %*	*23 %*	*25 %*
Biskin	*23 %*	*67 %*	*10 %*
Becel	*20 %*	*30 %*	*50 %*
Olivenöl	*19 %*	*73 %*	*8 %*

	gesättigt	*einfach ungesättigt*	*mehrfach ungesättigt*
Erdnußöl	*19 %*	*50 %*	*31 %*
Maiskeimöl	*17 %*	*32 %*	*51 %*
Mazola-Keimöl	*14 %*	*27 %*	*59 %*
Soja-Öl	*14 %*	*24 %*	*62 %*
Distelöl (Slim-Öl)	*8 %*	*17 %*	*75 %*
Sonnenblumenöl (Livio)	*8 %*	*27 %*	*65 %*

Die praktische Handhabung dieser Tabelle ist ganz einfach: Wer den Cholesteringehalt im Blut gering halten oder herabsetzen möchte, verwendet möglichst nur Fette, bei denen die mehrfach ungesättigten Fettsäuren mehr als 30 Prozent ausmachen.

Cholesterin-Bemerkungen

So böse ist Cholesterin gar nicht

Cholesterin gehört zu den Blutfetten und ist die Grundsubstanz einer Reihe von Stoffen, die im Körper wichtige Funktionen zu erfüllen haben. Unter anderem gehören auch die Östrogene dazu.
Nach 1950 gab man dem Cholesterin die Schuld am Altern der Arterien und zumindest die Mitschuld beim Herz-Infarkt. Die American Heart Association vertritt auf Grund ihrer Forschungen die Ansicht, daß von 100 Männern mittleren Alters, deren Cholesterinspiegel um 250 mg% und darüber liegt, mindestens 20 im Laufe der nächsten 10 Jahre einen Infarkt bekommen werden. Der Cholesterinspiegel (bitte einmal im Jahr beim Arzt machen lassen) sollte normalerweise unter 200 mg% = Milligramm/100 ml liegen.
Ich habe das Thema Fett so ausführlich behandelt, weil es bei der ganzen Abmagerei am wichtigsten ist. Fett enthält Kalorien in kompaktester Form, ist aber zum anderen lebensnotwendig. Dazu ist die Fettforschung im Augenblick in einem solchen Stadium, daß Ihnen sowohl das Butter-, wie das Margarine- und das Öl-Lager wissenschaftlich untermauerte Argumente liefern kann, die stichhaltig sind, wenn man gesund und schlank leben will.
Doch das zu beleuchten, erfordert zuviel Platz und ist bestimmt bei Drucklegung schon überholt.
Um Sie nicht zu verwirren: Fett gleich welcher Art hat immer 9,3 Kalorien pro Gramm. Harte Fette sollten Sie während der Abmagerei meiden!

Die Sache mit dem Käse

Faustregel: Je billiger der Käse, desto besser zum Abnehmen

Außer Quark, Hütten- oder Cottage-Käse kommt in diesem Buch dieses köstliche Milch-Erzeugnis fast garnicht vor.
Das hat seinen kalorischen Grund, denn der Käse hat, je besser er schmeckt, desto mehr Fettgehalt und damit auch mehr Kalorien.
So enthalten 100 Gramm Brie 368, 100 Gramm Chester 430, 100 Gramm Emmentaler 420 und der beste Camembert 398 Kalorien.
Wer auf die Käse-Magersuche geht, wie ich es tat, findet relativ magere Schmelzkäse, einen fettarmen Limburger, Handkäse oder Romadur und damit hat es sich.
Nun kann man sich behelfen, indem man seine Lieblingskäse nur als 20 Gramm-Stückchen zum Dessert ißt oder lutscht und dafür sich 80 Kalorien woanders abknappt.
Oder man sucht bei den einzelnen Käsen die mageren Stufen heraus. Das ist allerdings eine Geheimwissenschaft, denn man muß die Käse-Kürzel *50% Fett i. Tr.* lesen können. *Tr.* = Trockenmasse, das sind die festen Bestandteile. Ein Käse ist um so härter, je mehr, um so weicher, je weniger Trockenmasse er hat. Beispiel 60% Trockenmasse (Allgäuer Emmentaler), der Käse enthält 40% Wasser. *Fett i. Tr.* bezieht sich nur auf die festen Bestandteile eines Käses. Wenn Sie *50% Fett i. Tr.* lesen, besteht nicht die Hälfte des Käsegewichtes aus Fett. Den wirklichen Fettgehalt rechnet man so: 100 dividiert durch die Trockenmasse. Mit der Ergebniszahl den Fettgehalt i. Tr. dividieren. Endzahl ergibt echten Fettgehalt pro 100 Gramm. 2 Beispiele:
Ein Rahm-Camembert hat 50 Prozent Trockenmasse und darin 50 Prozent Fettgehalt. Dann enthalten 100 Gramm dieses Camemberts 25 Gramm Fett. Oder: ein Limburger hat 35 Prozent Trockenmasse und darin 20 Prozent Fettgehalt. Dann enthalten 100 Gramm dieses Limburgers 7 Gramm Fett. Beim Lesen klingt das etwas kompliziert, rechnen Sie es einfach nach.
Da die Trockenmassen etwas schwanken: bei den Schnittkäsen zwischen 49 und 57 Prozent, den halbfesten Schnittkäsen zwischen 44 und 55 Prozent, den Weichkäsen zwischen 35 und 52 Prozent, kann man schlecht den genauen Kaloriengehalt auf den Packungen angeben.
Bedauernswert ist nur, daß die Tendenz zu immer fetteren Käsesorten besteht. Nicht so sehr, weil die Molkereien ihr Fett loswerden wollen oder der Butterberg (den es gar nicht mehr gibt) dräut, sondern weil die Verbraucher es verlangen. Man muß doch dick werden können, auch ohne große Mengen zu essen – das scheint die bundesdeutsche Freß-Tendenz zu sein. Darum haben wir Abmagerwilligen es mit den Käsen so schwer!

Kalorien muß man zählen

Wir haben jetzt das Grundlegende über die Ernährung gelernt, um richtig essen zu können. Dabei kommen wir nicht, was man Ihnen auch immer erzählen mag, um die Kalorien herum. Jede Abmagerungskur, mag sie noch so wunderbar klingen, ist so gut wie ihre Kalorienmenge. Und wenn Ihnen auch die Leute aus dem Reformlager erzählen, die Kalorienlehre sei überholt, so meinen sie damit nur, daß Nahrung mehr ist als Heizmaterial, daß Vitalstoffe wichtig sind und daß man Nahrungsmittel nicht nur nach der Kalorienzahl beurteilen darf. Das tun wir Kalorienanhänger ja gar nicht. Denn dann würde ich jede Wunderkur für richtig halten, die eine einseitige Nahrung empfiehlt, dann würde ich Ihnen nicht noch häufig sagen, wie wichtig die ausgewogene Zusammensetzung unserer Nahrung auch bei Mini-Kalorienportionen ist.

Vitalstoffe sind wichtig

Wenn ich sage: Kalorien muß man zählen, so ist das nicht so wörtlich für alle Zeiten gemeint. Wenn Sie sich erst einmal darüber klar sind, welche Nahrungsmittel Kalorienbomben sind und welche wenig Kalorien haben, wenn Sie sich mit Bedacht die Produkte aussuchen, die die Industrie kalorienarm produziert, dann müssen Sie sich nicht jeden Tag jeden Bissen in den Mund rechnen. Das wäre nämlich genauso schlimm wie zu dick sein: Sie würden sich die Freude am Essen und damit am Leben nehmen.

Kalorienbomben meiden

Das Abc der Vitamine

Ohne sie kann man nicht leben, da sie im Körper alle Vorgänge steuern und dafür sorgen, daß die in Eiweiß, Fett und Kohlenhydrate vorhandenen Energien (Kalorien) auch frei werden.

Einwand eines Superschlauen: Wenn man also keine Vitamine zu sich nimmt, kann der Körper die zugeführten Kalorien nicht ausnutzen, und man wird nicht dick!

Das könnte theoretisch stimmen, aber es würden auch die Stoffwechselvorgänge ausfallen, die Infektionsabwehr nicht funktionieren, kurz: es gäbe einen totalen Zusammenbruch.

Vitamine müssen sein

Sagen wir es so: Vitamine sind keine Zaubermittel (die Wissenschaft weiß genau, woraus sie bestehen und was sie bewirken), aber sie müssen vorhanden sein.

Durch bevorzugten Verbrauch von Zivilisationskost, die keine Vitamine mehr enthält (Weiß- und Toastbrot, raffinierter Zucker, Süßigkeiten, Teigwaren und Feinmehlgebäck – Vorsicht vor allem, was als »rein« oder »fein« deklariert ist), kann es zu Vitaminmangelerscheinungen kommen, genauso wie bei einseitiger Ernährung. Dadurch ist ein Vit-

Ausgewogene Mischkost ist richtig

aminrummel entstanden, der uns Vitaminpräparate aller Art sowie vitaminisierte Bonbons, Streichfette, Zahnpasten und Limonaden bescherte. Mit einer ausgewogenen Mischkost, bei der Milchprodukte, Obst, Gemüse, Kartoffeln, Salate und Vollkornprodukte nicht zu kurz kommen, kann man den Vitaminbedarf ausreichend decken. Und sollten Sie eine Zeitlang Ihre Nahrungsmenge einmal kräftig beschneiden, dann nehmen Sie täglich ein Multi-Vitaminpräparat (nach Rücksprache mit Ihrem Arzt), das alle wichtigen Vitamine enthält und die notwendigen Spurenelemente dazu.

Oder Sie befolgen Gayelord Hausers Rezept: Täglich 1 Eßlöffel Edelhefe. Besteht zu 50 Prozent aus Eiweiß, hat 17 Kalorien (= 5 Gramm) und versorgt Sie mit allen Vitaminen der B-Gruppe.

- Vitamine kann man nicht auf Vorrat essen.
- Tiefgekühlte Gemüse und Obst enthalten genauso viel Vitamine wie eben frisch gepflückte. Frische Gemüse über den Handel erleiden auf dem Weg von der Ernte über den Gemüsemann bis in Ihren Kochtopf vor allem Vitamin-C-Verluste (bis zu 80 Prozent). Genauso kann man Vitamine durch zu langes Kochen vernichten oder dadurch, daß man beim Kochen häufig umrührt.

Langes Kochen zerstört Vitamine

- Nicht immer enthält Rohkost die meisten Vitamine. Kurz gedünstete Karotten sind zum Beispiel viel vitaminaktiver als roh geknabberte.
- Kurzes kräftiges Erhitzen in wenig Wasser ist vitaminschonender als langes Dünsten auf kleiner Flamme.
- Wer Gemüse im Waschwasser liegen läßt, laugt die Vitamine genauso aus, wie wenn man es unter fließendem Wasser wäscht.
- Wer Gemüse und Obst in die Sonne legt, zerstört Vitamin C. Besonders empfindlich sind Obst- und Gemüsesorten (Blattgemüse), deren Oberfläche im Vergleich zum Gewicht groß ist. Säure dagegen, wie in Zitrusfrüchten, stabilisiert Vitamin C.
- Besonders große Vitamin-C-Verluste entstehen, wenn man fertige Gerichte über längere Zeit warm hält oder bei Zimmertemperatur aufbewahrt.
- Aufgewärmtes Essen kann man durch reichliche Zugabe von frisch gehackten Kräutern (Petersilie!) vitaminisieren.
- Bei Konserven ist der Vitaminverlust am geringsten, wenn man sie ungeöffnet im Wasserbad erwärmt.
- Kartoffeln in der Schale gekocht behalten doppelt soviel Vitamine wie Salzkartoffeln, außerdem sind sie kalorienärmer.
- Bei Äpfeln ist die Sorte wichtig: der »Weiße Winterkalvill« und der »Ontario« enthalten fast soviel Vitamin C wie eine Orange; »Cox Orange« und »Gravensteiner« dagegen nur ein Drittel.

Auf der nächsten Seite eine knappe Vitamin-Übersicht.

Der tägliche Vitaminbedarf der Erwachsenen

	Bedarf	*enthalten in*	*mögliche Folgen bei Mangel*
Vitamin A	*1500 mcg*	*50 g Karotten* *80 g Spinat* *30 g Kalbsleber* *150 g Grünkohl* *50 g Fenchel*	*Nachtblindheit, Verdauungsstörungen, Infektions-Anfälligkeit*
Vitamin B_1	*1,6 mg*	*40 g Weizenkeime* *210 g Schweinefleisch* *400 g Rinderherz* *200 g grüne Erbsen* *150 g Forelle*	*Beeinträchtigung des Kohlenhydrat-Stoffwechsels, Nervenentzündung*
Vitamin B_2	*1,8 mg*	*75 g Nieren* *75 g Leber* *15 g Edelhefe* *1¼ l Buttermilch*	*Hautentzündungen, Störungen der Fett-Resorption*
Vitamin C	*75 mg*	*60 g schw. Johannisbeeren* *100 g frischer Orangensaft* *250 g Sauerkraut* *50 g Tomatenpaprika* *80 g Rosenkohl*	*Frühjahrsmüdigkeit, Erschöpfung, Infektions-Anfälligkeit*
Vitamin D	*10 mcg*	*100 g Hering* *25 g Lebertran* *200 g Steinpilze*	*Störungen im Kalkhaushalt, Knochenerweichung*

1 mcg oder 1 μg = 1 Mikrogramm = 1/1000 Milligramm (mg)

Warum wir immer fetter werden

Noch nie gab es soviel fette Leute

Noch nie in der Geschichte haben irgendwo so viele Menschen soviel gegessen und einen so geringen Teil der Nahrung durch Aktivität abgebaut wie wir heute. Das heißt, noch nie hat es so viel fette Leute auf der Welt gegeben.

In Amerika hat der Ernährungsspezialist Dr. Jean Mayer Schüler von Abschlußklassen untersucht. 1953 waren 15 Prozent von ihnen fettleibig, 1969 waren es 20 Prozent. In der kurzen Zeit von 16 Jahren hat die Fettleibigkeit der Jugendlichen um ein Drittel zugenommen. Das kann man rapide nennen.

Bei uns ist es nicht besser. 20 Millionen Bundesbürger haben Übergewicht. Zwar wurde die Pro-Kopf-Verbrauchs-Statistik des Bundesernährungsministeriums so kommentiert, daß mit steigendem Durchschnittseinkommen auch gesünder gelebt wird. Doch das sind oberflächliche Kommentare, nur weil der Obstverbrauch höher als der Kartoffelverbrauch und Mehlkonsum ist. Unsere wirklichen Nahrungssünden sind wieder schlimmer als in den Vorjahren geworden: nach wie vor essen wir 50 Gramm Fett am Tag zuviel (und etwa 30 Gramm Zucker).

Das versteckte Fett!

Wir essen es als verstecktes Fett in Wurst, Käse, Sahne. Allein an einem Weihnachtsfest werden in Deutschland 5 Millionen Kilogramm Sahne verputzt, 1970 14 Prozent mehr als im Jahr vorher. Alle diese versteckten Fette sind dazu noch die gar nicht notwendigen tierischen Fette, und bei den Speisefetten hat sich, entgegengesetzt den Erkenntnissen der Ernährungswissenschaft, das Gewicht wieder zu-

Pflanzenfette bevorzugen!

gunsten der tierischen Fette verschoben. Es ist wirklich so, als ob alle unsere Eß-Aufklärer tauben Ohren predigen würden und wir uns mit Genuß und geschlossenen Augen zu Tode fressen wollten.
Denn wer täglich 100 Kalorien zuviel ißt (das sind 1 Becher Joghurt oder 1 Eßlöffel Öl oder 1 Gläschen Weinbrand oder 1 Eßlöffel Bratensauce oder 1 Brötchen oder 5 Teelöffel Zucker), der hat in einem Jahr 3,6 Kilo, in 5 Jahren 18 Kilo zugenommen. Wir aber essen zur Zeit statistisch jeden Tag 400 bis 500 Kalorien zuviel! Dabei ernähren wir uns auch noch einseitig: 40 Prozent (vor allem die Frauen) leiden an Eisenmangel (= Blutarmut). Vitamin B_1 wird gerade eben ausreichend zu sich genommen, die Folge von weniger Kartoffeln, Milch und Vollkornbrot. Der Eisenmangel kann leicht durch Spinat, Rind- oder Hühnerfleisch gedeckt werden. Außerdem ist auch falsch, *wie* wir essen: zu wenige und zu schwere Mahlzeiten.

Wir essen wie vor hundert Jahren

Für Freizeit braucht man wenig Kalorien

Nirgendwo außer in der Politik halten sich die Vorurteile so hartnäckig wie in der Küche. Die Mütter überliefern ihren Töchtern das Bild der treusorgenden Gattin: Wenn der Mann von der Arbeit erschöpft nach Hause kommt, muß er etwas Ordentliches in den Magen bekommen. Das genaue Gegenteil ist richtig, für die Freizeit, für Zeitunglesen und Vor-dem-Bildschirm-Hocken braucht man keine Kalorien. Dazu kommt die Furcht der »Nur-Hausfrau«, an Wichtigkeit und Aufgabe zu verlieren, woran die Falscheinschätzung durch den Mann große Schuld trägt. Wenn sie ihm nicht einmal mehr etwas Gutes kochen kann, was bleibt dann?
Schreiben wir doch einmal die deutschen Eßsünden auf:
1. Wir essen zu fett. Statt der notwendigen 75 Gramm Fett pro Tag, essen wir im Durchschnitt 130 Gramm, wovon 75 Gramm versteckte Fette sind. Der Anteil dieser unsichtbaren Fette nimmt von Jahr zu Jahr zu, weil jede Wohlstandsgesellschaft die Käse, Würste und Milcherzeugnisse fetter macht (Idee: fett schmeckt's besser). Weil Fett allüberall billig angeboten wird: wer sich mittags ein Stück Torte kauft, ein Stück Fleischkäse, eine Tüte Pommes frites, eine Tafel Schokolade – er bekommt immer Fett. Zum anderen verkauft sich fettes Fleisch schlechter als mageres: das hat sich doch schon herumgesprochen. Also stecken die Metzger das Fett, das sie ja nicht wegwerfen wollen, in die Wurst, die dadurch auch haltbarer wird.
2. Wir essen zu spät. Zwar essen 75 Prozent der Bundesbürger abends nur noch kalt, aber oft erst nach den Fernsehnachrichten. Und abends verbrennt der Körper nichts mehr, sondern setzt fast alles als Speck an,

vor allem die Kohlenhydrate, die ja automatisch zu einem kalten Abendessen gehören.

Ein Salamibrot = 500 Kalorien

Anmerkung: ein gut gestrichenes, gut belegtes Salami-Brot hat 500 Kalorien.

3. *Wir essen zu bequem.* Kuchen, Kaffee und belegte Brote im Büro und bei der Arbeit haben zu viele Kalorien und zu wenig Eiweiß und Vitamine.

4. *Wir essen zu konservativ:* Frauen über 40 Jahren kochen in den meisten Fällen eintönig, lernen kaum neue Rezepte dazu und befolgen noch immer, was sie von Mutter gelernt haben. Einer ihrer schlimmsten Fehler: zu lange Garzeiten. Der kalorienträchtigste: nur mit reichlich Fett kann man gut kochen.

Sonntags sind 3 Gänge zuviel

5. *Wir essen an Feiertagen zuviel:* Eine Mahlzeit braucht nicht unbedingt aus Suppe, Hauptgericht und Nachtisch zu bestehen. Vor allem nicht an den geruhsamen Wochenenden, aber gerade an denen wird am umfangreichsten gekocht. Denn noch immer wird die Heiligung des Sonntags mit Fraß und Völlerei verwechselt.

6. *Wir essen zu luxuriös.* Vieles ist reines Prestige-Essen und wird außerdem in zu großen Portionen angeboten. Es gehört zu unseren gesellschaftlichen Riten, herzhaft zuzugreifen, um damit der Hausfrau zu zeigen, wie gut sie gekocht hat. Und auf gutes Kochen ist sie stolz. Die Eß-Erpressung »Greifen Sie doch zu, oder schmeckt es Ihnen nicht?« hat schon manchem manches zusätzliche Pfund gebracht.

Das Neue nutzen

7. *Wir essen zu ahnungslos.* Wie es immer war, wird es auch jetzt recht sein, und deshalb wollen wir nichts vom Dampftopf und anderen optimalen Zubereitungsarten wissen, wenig von der Tiefkühlung und noch weniger von der Enthaltsamkeit. Dazu kommt, daß wir das Neue scheuen und nur zögernd Low-Calories- Produkte (Nahrungsmittel mit verringerter Kalorienzahl) auf den Tisch bringen.
Dabei haben wir es so notwendig!

Dick, faul und gefräßig

So kann man unsere Gesellschaft kurz und knapp definieren, wobei wir »faul« nur auf die Muskelarbeit beziehen. Wer heute keinen Muskel rühren will, braucht es auch nicht. Seit es den Menschen gibt, hat er immer mehr schlechte Zeiten erlebt als gute. Dazu hat er sich körperlich hart tummeln müssen. Hungersnöte gehörten zu seinem Leben wie die Jahreszeiten, und im Schweiße seines Angesichts mußte er sein Brot verdienen. In diesen Tausenden von Jahren hat sich der menschliche Körper zu einer Art Supereichhörnchen entwickelt, das die Vorräte der fetten Jahre für die mageren in den Körperzellen aufsparte. Nicht umsonst können sich Fettspeicherzellen um das Achtfache aufblähen. Bei Naturvölkern läßt es sich heute noch beobachten, daß sie sich regelrecht »vollfressen« können, um dann wieder tagelang mit fast nichts auszukommen.

Unsere Tragödie aber ist, daß zu Zeiten des Überflusses (die letzte Hungersnot hatten wir nach dem Krieg 1945 – und da waren viele Leute gesünder als heute) auch noch Zeiten der körperlichen Nicht-Betätigung gekommen sind.

Wir brauchen nur noch wenig Energie

Wir müssen also selbst dafür sorgen, nicht mehr so wie früher zu essen. Denn die Maschinen machen unsere Arbeit, das Auto bewegt uns fort, die Zentralheizung beliefert uns mit Wärme und Wasch- und Spülmaschine erleichtern uns die Hauswirtschaft.

Wenn ich an meinen Vater denke, der auch eine sitzende Beschäftigung hatte: er fuhr mit dem Rad ins Büro, er holte morgens die Kohlen aus dem Keller und brachte abends den Mülleimer hinunter und ab und zu hackte er auch noch Holz. Er durfte mehr essen als ich.

In einer Zeit also, in der uns zusätzlich die Versuchung viel stärker packt als unsere Vorfahren, wo es zu allen Jahreszeiten alles zu essen gibt, wo die Delikatessen aus aller Welt sich in unseren Läden türmen und in der wir Geld haben, um sie sich uns zu leisten, da ist Schlankheit nicht nur ein Schönheitsideal, sondern ein gesundheitliches Muß geworden. Der »Selbstmord mit Messer und Gabel« ist schon so oft publiziert worden, daß man gar nicht mehr recht hinhört und vor allen Dingen glaubt, »mir wird das schon nicht passieren«. Dabei sollten wir uns ganz nüchtern einmal klar machen, daß 30 Prozent aller Todesursachen auf falsche Ernährung zurückzuführen sind, daß genauso viele Herzkrankheiten, Herzinfarkte, Leberzirrhosen und Diabetes auf zu kalorienreicher Ernährung beruhen, daß die Geißeln des Mittelalters, die Pest und die Cholera, heute durch die nicht minder tödliche Seuche der Fettsucht ersetzt werden.

Fettsucht – die Seuche unserer Zeit

Denn der menschliche Körper ist nun einmal so konstruiert, daß er bei einem gewissen Gewicht optimal funktioniert. Man nennt es das Idealgewicht. Alles, was an Pfunden darüber ist, belastet ihn, macht ihm die Arbeit schwerer und läßt seine Organe schneller verschleißen. Kein Wunder eigentlich bei einem Motor, der ständig läuft und mit fast jedem Brennstoff in Bewegung gehalten wird. Das heißt: Übergewichtige sind anfälliger für Krankheiten der Herz- und Nierengefäße, der Leber, für Gallensteine und für Zucker. Sie sind schwerer zu operieren und haben mehr Unfälle. Wenn ein Dicker hinfällt, bricht schneller ein Knochen. Bei Frauen erschwert Übergewicht außerdem noch die Empfängnis, macht die Schwangerschaft noch komplizierter, und die Geburt kann länger dauern.

Eine Zwischenfrage: Finden Sie noch immer, daß Dicksein doch viel gemütlicher ist?

Über das Recht, dick zu sein

So hieß ein Feuilleton von Gabriel Laub, das vor gut 2 Jahren in der »Zeit« erschien und das so begann: *Ich bestellte mir einmal einen Knopf (button) mit der Aufschrift ICH BIN DICK. NA, UND? Denn es ist mir zuwider, immer wieder dieselben Reden zu hören: »Mensch, du bist wieder dicker geworden! Mach doch was dagegen!« Ich habe überhaupt keine Lust, etwas dagegen zu tun. Ich fühle mich bei meiner Üppigkeit genauso wohl wie die Twiggy mit ihrer Magerkeit, obwohl ich mit meinem Leibesumfang kein Geld verdiene. Was sollen solche Reden? Die Leute reagieren damit nur ihre eigenen Komplexe ab: Einer rühmt sich auf diese Weise, daß er nicht so dick ist, der andere tröstet sich, daß er nicht alleine dick ist . . . Ärzte haben wissenschaftlich bewiesen, daß Fettleibigkeit nicht gesund ist. Mit Polizisten und Ärzten soll man nicht diskutieren, und ich habe auch nicht genug wissenschaftliches Material zur Verfügung, um ihre Behauptungen in Zweifel zu ziehen. Ich kann mich nur auf ein altes polnisches Sprichwort stützen: »Ehe der Dicke abmagert, verhungert der Dünne.«*

Wer schlank ist, muß sich nicht kasteien

Als ich den Artikel damals las, applaudierte ich ihm stark, denn ich war auch dick und fühlte mich auch wohl dabei. Inzwischen habe ich mich mit den Problemen der Übergewichtigkeit gründlich befaßt, am eigenen Leibe verspürt, daß Schlanksein nicht Kasteien bedeutet, und ich finde den Artikel nur noch einen Trost für Leute, die es nie versucht haben, von ihrem Gewicht herunterzukommen oder die es nicht vermögen. Für diese will ich, damit sie die Lektüre meines Buches nicht zu sehr verschreckt und frustriert, noch den Ernährungswissenschaftler Professor Glatzel zitieren:

Es ist üblich geworden, der abendländischen Menschheit einen möglichst niedrigen Energieverzehr zu empfehlen, weil knapper Energieverzehr das Leben verlängert. Unausgesprochen ist darin die Voraussetzung enthalten, die Verlängerung des Lebens sei auf alle Fälle ein so erstrebenswertes Ziel, daß die Schattenseiten einer knappen Energiezufuhr – Beschränkung der Reservebestände, Verringerung der körperlichen Spannkraft und geistigen Leistungsfähigkeit, Einschränkung der Quellen von Lust und Freude – weit übertroffen würden. Ist diese Voraussetzung immer richtig? Daß Überfütterung und Fettleibigkeit – keineswegs jede Fettleibigkeit ist Folge übermäßigen Essens – das Leben verkürzen und die Entwicklung von Herz- und Gefäßkrankheiten, Zuckerkrankheit und Gelenkkrankheiten begünstigen, ist wohl richtig. Auf der anderen Seite: Der eine zieht es vor, ein möglichst langes Leben in Gleichmaß und Mäßigkeit zu führen und sich zu diesem Behufe einer streng geregelten, asketischen Kostführung zu unterwerfen. Dem anderen ist die Intensität des Lebens das Wesentliche. Jeder muß für sich selbst die Entscheidung treffen.

Ich glaube, Ihre Entscheidung oder zumindest Ihr Wunsch ist der schlanke Weg. Denn sonst hätten Sie sich mein Buch nicht gekauft.

Wie wird man dick?

12 Formen von Fettleibigkeit

Wer zu dick ist, ißt zuviel! Das ist eine erbarmungslose Feststellung, die in den meisten Fällen auch stimmt. Doch ganz so einfach ist es wiederum auch nicht. Denn verwirrend bei dieser Feststellung ist, daß ein dicker Mensch bedeutend weniger zu essen braucht als ein dünner und trotzdem ständig zunehmen kann. Es gibt viele Formen der Fettleibigkeit – bei Mäusen hat man bisher 12 verschiedene festgestellt – und eine der wichtigsten Ursachen ist der überfütterte Säugling. Gehen wir in unsere Kindheit zurück. Meine Frage lautet:

Waren Sie ein dickes Kind?

Dick und gesund sind Gegensätze

Eines der verdammten und nicht auszurottenden Vorurteile ist, daß dicke Kinder gesünder sind als magere. Da man den anderen gegenüber als »gute Mutter« gelten will, die es dem »Kind an nichts fehlen läßt«, wird in die unglücklichen Würmer hineingestopft, so als gelte es, eine Gans zu mästen. Und das ist, wie ein Psychologe sagt »noch eine der vielen Gemeinheiten, die die Mutter an einem verübt«. Denn in der frühen Jugend werden die Anlagen für den späteren Körper-Habitus gelegt. Das stellten die beiden New Yorker Forscher Dr. J. Knittle und Dr. J. Hirsch in Versuchsreihen mit Ratten fest. Die Nager-Babies, die ständig überfüttert wurden, bildeten erheblich mehr Fettzellen als die normal ernährten. Und wenn man die erwachsenen fetten Ratten auf Diät setzte, verloren sie zwar ihr Gewicht, bekamen es aber gleich wieder, sobald sie die Abmagerungskur beendeten. Bei ihnen bildeten sich die Fettzellen nur zurück, um sich dann sofort wieder zu füllen.
Im Gegensatz dazu verschwinden bei Abmagerungskuren Fettzellen völlig, die sich erst im Erwachsenen-Alter durch zu viele Kalorien gebildet haben.
Auf den Menschen übertragen bedeutet das, daß alle, die von Kind auf ein beträchtliches Übergewicht hatten, nur mit eiserner Selbstdisziplin und einer ständigen Diät ihr Gewicht niedrig halten können. Eigentlich sind sie zum Dicksein verdammt. Denn bei ihnen scheinen die Stoffwechselvorgänge darauf abgestimmt zu sein, immer möglichst viel Fett speichern zu wollen. Sie sind die »guten Futterverwerter« des Volks-

mundes. Die amerikanischen Forscher sagen dazu: *Wir wissen, daß Sie als Fettleibiger früher sterben müssen. Werden Sie aber, wenn Sie abnehmen, länger leben? Das hat noch keiner bewiesen – das Gegenteil allerdings auch nicht.*

Nun kann man aber guten Gewissens sagen, daß Leute, die trotz eiserner Bemühungen immer wieder zunehmen, lieber den Kampf aufgeben sollen. Gewissensqualen wegen ständigen Übergewichts, wegen Abbrechens einer immer wieder auferlegten Diät sind seelisch bestimmt schädlicher als die Übergewichtkilos körperlich. Dazu kommt noch, daß die Mutter dem Kind einen Eßzwang angewöhnt hat, dem es später nicht mehr entrinnen kann.

Anerzogener Eßzwang bleibt

Auch hier wirken sich die Eßsünden aus, über die ich schon berichtete.

Die ahnungslosen Mütter

Auf der Arbeitstagung »Die Ernährung des Kindes« stellte Professor Dr. Kübler, Universität Kiel, fest, daß 6 Prozent aller Sechsjährigen in der Bundesrepublik an Fettsucht leiden. Und daß ein Drittel aller Kinder bis zum 16. Lebensjahr übergewichtig und teilweise sogar mastfett sind. Das kommt zum Teil von der autoritären Erziehungsmethode *Gegessen wird, was auf den Tisch kommt* und *Ein braves Kind ißt seinen Teller leer* oder *Einen Löffel für den Opa, einen Löffel für die Oma,* und folgerichtig müßte es dann auch heißen *und einen Löffel für deinen frühen Tod!* Zum anderen gibt es Süßigkeiten als Belohnung oder Limonaden, und dabei werden Obst und Gemüse vernachlässigt. Was passiert? Die Mütter mästen ihre Kinder systematisch, geben ihnen viel zu große Portionen und stellen die Weichen für schädliche Eßgewohnheiten. Das Kind setzt Essen und Mutterliebe gleich und wird später in allen Konfliktsituationen und Notlagen den Trost im Essen suchen.

Einen Löffel für den frühen Tod

Warum essen dicke Leute soviel?

Die vielzitierte Drüsenstörung, das Dicksein als Erbanlage und der berühmte gute Futterverwerter sind alles volkstümliche Bezeichnungen – ich sage bewußt nicht Ausreden – für sehr komplexe Vorgänge. Die Drüsenstörung geht auf Mutters Konto: das gemästete Kind hat zu viele Fettzellen. Die Erbanlage ist eher auch eine Erziehungssache: Kinder aus dicken Familien sind fast alle auch dick, denn Eßgewohnheiten vererben sich. Zu der Erziehung kommt aber auch noch die Konstitution, der Typus und die persönliche Aktivität.

Essen kann Gewohnheit werden

Diese Aktivität gilt auch für den guten und schlechten Futterverwerter. Die Dicken essen aus Freude und aus Gewohnheit. Wie sehr essen Gewohnheit sein kann, habe ich bei meiner Abnahmekur festgestellt, und das werde ich Ihnen noch genau explizieren.

Die Wissenschaft hat es konstatiert: Bei Übergewichtigen ist der Zusammenhang zwischen Nahrungsaufnahme und Nahrungsbedürfnis gestört. Ihnen verschlägt es den Hunger nicht. Sie müssen bei Kummer essen, sie essen trotz Angst oder anderen seelischen Belastungen. Dazu kommt, daß sich der Dicke in einem Teufelskreis der erhöhten Nahrungsaufnahme bewegt. Da er zuviel Gewicht hat, muß er mehr essen, denn sein Körper hat wegen des zu großen Gewichts einen erhöhten Energiebedarf. Diese Nahrungsmenge nimmt von selbst in dem Verhältnis zu, wie die Körperoberfläche des Dicken zunimmt, ohne daß er sich dabei eines Mehrkonsums bewußt ist. Dicke Leute lügen also nicht bewußt, wenn sie sagen, daß sie gar nicht mehr essen.

Dicke bewegen sich immer weniger

Dazu kommt, daß Dicke sich schon wegen ihres Gewichts und der Anstrengung, die es verursacht, immer weniger bewegen. Diese geringe Aktivität bringt den Mechanismus in Unordnung, der das Gefühl von Hunger und Sattsein regelt.

Hunger ist, wenn sich der leere Magen meldet

Das Gefühl, einen leeren Magen zu haben, ist nur eines von verschiedenen Signalen, die ins Zwischenhirn gelangen und dort das Verlangen nach Essen auslösen. Es kann ein äußerer Anreiz sein: der Anblick von Kuchen im Schaufenster, von einem knusprigen Steak auf einem Buchumschlag oder der Duft einer Bratwürstel-Bude. Es kann Erinnerung sein: an eine besonders feine Rahmsauce in einem Restaurant, an eine gelungene Weihnachtsgans. Es kann Phantasie sein: wenn ich ein Rezept beschreibe, läuft mir selbst das Wasser im Mund zusammen, und es kann Kummer sein, Langweile, das Gefühl von Nutzlosigkeit: das Essen wird zum Lebensinhalt.

Appetit ohne Hunger

Sagen wir es ganz klar: Hunger entsteht aus dem Nahrungsbedarf des Körpers – Appetit kann man ohne Hunger haben.

Diese Vorgänge sind sehr kompliziert, noch nicht völlig erforscht und bei dicken Leuten auf jeden Fall gestört.

Ich kann es Ihnen aus eigener Erfahrung ganz unwissenschaftlich schildern: wenn man längere Zeit über das Gefühl des Sattseins hinaus ißt, aus reiner Lust am Essen, aus purer Gefräßigkeit, dann wissen Sie auf einmal nicht mehr, wann Sie satt sind. Bei allen Dingen, die Sie gerne mögen, haben Sie noch Appetit. Es kommt dann sogar noch eine gewisse Rekordsucht dazu: ich werde es doch wohl schaffen, diese Schüssel mit Pichelsteiner leer zu essen, genauso wie es Leute gibt, die drei Dutzend Knödel verdrücken. Der einzige Punkt, der mir sagte *Du hast genug* war die Muskulatur meines Bauches. Wenn die »Schwarte krachte«, hörte ich bei Leibspeisen auf, eher nicht. Sie kennen doch das Breughel-Bild vom Schlaraffenland. So ähnlich fühlte ich mich nach einem Leibgericht: ausgefüllt bis in den letzten Körperwinkel von köstlichem Essen und unbeweglich.

Viel essen als Sport

Deshalb ist das größte Problem für den vernünftigen Abnehmer, das Kontrollzentrum über Hunger und Appetit wieder funktionstüchtig zu machen. Dazu gehört vor allem, daß man nur noch bewußt und nie mehr nur so aus Gewohnheit ißt.

Bewegung hilft doch!

Ein amerikanischer Arzt hat überspitzt gesagt: *Für die Dicken ist die beste Gymnastik, beim Essen rechtzeitig aufzuhören, beide Hände gegen den Tisch zu stützen, den Stuhl wegzuschieben und aufzustehen.* Ganz im Banne der Kalorienlehre hat er sogar recht, denn ein einstündiger flotter Spaziergang verbrennt nur 300 Kalorien, eine Stunde Tennisspielen 350 und 15 Minuten flotte Gymnastik 150. Und bei allen diesen Arten, Kalorien lozuwerden, besteht die Gefahr, daß man sie durch vermehrten Appetit wieder hereinbringt.

Trotzdem hat dieser Arzt nicht recht. Die neueste Forschung hat festgestellt, daß die Bewegung, oder richtiger gesagt die Aktivität, eine wichtige Rolle bei der Bekämpfung des Übergewichts spielt. Es ist erwiesen, daß der Grundumsatz während und nach der eigentlichen Bewegung bedeutend mehr Energie als normal verbraucht. Verglichen mit den Kalorien, die für den intensiveren Grundumsatz nötig werden, verwerten die Muskeln während der Dauer der Bewegung eine verhältnismäßig geringe Zahl an Kalorien. Es kommt also darauf an, den Grundumsatz zu aktivieren. Das kann durch radfahren, schwimmen oder intensivere Bewegungen geschehen oder dadurch, daß man, statt Lift oder Paternoster zu benutzen, Treppen steigt. Denn ein sehr wichtiger Unterschied zwischen Dicken und Dünnen ist die Größe der angeborenen Aktivität.

Bewegung aktiviert den Grundumsatz

Ein Baby, das ständig weint, sich pausenlos bewegt, wird sehr wahrscheinlich – wenn es von der Mutter nicht systematisch überfüttert wird – später kein dicker Mensch werden. Denn diese Aktivität wird es sein Leben durch behalten. Dr. Mayer hat in den USA Kinder beim Spielen gefilmt und festgestellt, daß magere Kinder sich viel mehr bewegen als dicke. Auch beim Schwimmen, dem ach so gesunden und beliebten Sport für dicke Kinder, bewegen diese sich im Wasser kaum. Im Gegensatz zu den dünnen verbrauchen sie in 10 Minuten 50 Kalorien weniger. Hier ist einer der wichtigsten Punkte, mit dem die Dicken ihr Leben lang zu kämpfen haben. Durch ihre Konstitution haben sie Mangel an Temperament und eine gewisse Antriebsarmut. Es ist ein »körperliches Entgegenkommen«, das ihnen leichter zum Dicksein verhilft. Wer alles gemütlich verrichtet, nach dem Motto lebt, was man im Liegen tun kann, soll man nicht sitzend, was im Sitzen, soll man nicht stehend tun, der verbraucht weniger Kalorien als jemand, der immer rotiert. Der Psychologe Dr. Maisch sagt: *Es gibt keine guten oder schlechten Futterverwerter – es gibt nur Kinder, die sich im Verhältnis zu dem, was sie essen, immer noch ausreichend bewegen und deshalb nicht dick werden.*

Mangel an Temperament macht dick

So geht es auch den Erwachsenen: es gibt Typen (meist mit leichter Überfunktion der Schilddrüse), die alles aktiver machen als andere Leute. Das braucht man auf den ersten Blick nicht zu erkennen. Man

Warum manche nicht zunehmen

kann entspannt gehen oder wie ein Bogen gestrafft, man kann beim Armheben alle Muskeln anspannen oder nur die notwendigen: alles das sind Gelegenheiten, mehr Kalorien zu verbrauchen. Und so kommt es zu der Tatsache, die den Dicken oft verzweifeln läßt, wenn nämlich die Frau, die Kollegin oder Freundin genauso viel wie er selber ißt und nicht zunimmt.

Weitere Möglichkeiten dick zu werden

Junge Mädchen, die schon als Kinder zum Dickwerden neigten, haben nach der Pubertät oft Schwierigkeiten mit dem Gewicht. Sie tendieren in diesem Alter sowieso zu Extremen und können versuchen, ihre Nöte durch erhöhte Nahrungsaufnahme zu kompensieren.
Zunehmen kann die Frau auch nach der ersten Geburt. Es ist so, als wolle der Körper den Substanzverlust wieder ausgleichen. Wie bei den jungen Mädchen ist die Gewichtszunahme der Wechseljahre ein eher psychologisches Problem: die erotische Attraktion dieser Damen ist dürftig geworden, weitere Lebensinhalte fehlen, familiäre Probleme tauchen gerade in dieser Zeit auf. Instinktiv wird im Essen Trost

gesucht: die meisten Tortenesserinnen in den Kaffeehäusern, Konditoreien oder am häuslichen Kränzchentisch gehören zu dieser Altersstufe. Sie sind auch die, die kritiklos auf jede neue Diät hereinfallen, sie wie ein Spielzeug benutzen, ausprobieren und bei mangelndem Erfolg die Schuld bei »übernatürlichen Mächten« wie Drüsen, Salz, Flüssigkeit im Gewebe oder Veranlagung suchen. Sie mogeln am meisten und glauben wirklich daran, daß sie nicht viel essen.
Ein großes Problem beim Dickwerden ist der »gestörte Rhythmus«. Das heißt, jede Gewohnheitsänderung bringt Störungen des Körperhaushaltes mit sich. Wer also eine Mahlzeit ausfallen läßt oder überspringt, wer zu lange schläft, wer sich plötzlich in eine Hungerkur stürzt und sie ebenso plötzlich wieder abbricht, wer sich auf Reisen begibt und dabei seine üblichen Lebensgewohnheiten ändert, wer auf einmal die Hauptmahlzeit von mittags auf abends verschiebt: sie alle können dadurch zunehmen.

Roßkuren ohne Dauererfolg

Deshalb möchte ich nachdrücklich vor den sogenannten Wochenendkuren warnen. Es sind meist Roßkuren, die zwar eine momentane Gewichtsabnahme garantieren, die uns aber auf Sicht gesehen noch schwerer werden lassen. Wohlgemerkt, wenn man schon seit längerer Zeit Übergewicht hat. Einige Pfunde, die durch eine Schiffsreise, durch Feiertage oder durch momentane Eß-Schlamperei entstanden sind, kann man so schon herunterwirtschaften.
Trotzdem befassen wir uns noch mit den einzelnen Kuren, ehe wir uns gemeinsam ans Abnehmen machen.

Der Kampf um die Schlankheit - Kritik der populärsten Abmagerungsdiäten

Er ist nicht sehr alt, und die Diätgesetze wechseln wie die Moden. Das meiste ist noch nicht gründlich erforscht, und man findet für jede Theorie einen Professor oder einen Arzt, der sie unterstützt.

Religiöses Fasten

Zuerst waren es die Fastenregeln, die fast alle Religionsstifter in ihre Religionen einbauten und die den Körper freier machen sollten. Ob es der Isis-Dienst der alten Ägypter, die 29tägige Fastenzeit des Korans, das freiwillige Fasten der Israeliten aus Anlaß der Trauer oder die vorösterliche Fastenzeit der katholischen Kirche ist, die Idee war immer mehr geistig als medizinisch gemeint.

Zur Kur nach Karlsbad

So hatten auch die Kurreisen zur Zeit Goethes nach Marienbad und zur Zeit unserer Großeltern nach Karlsbad mehr gesellschaftlichen Effekt, mit einer einzigen gesunden Erkenntnis: weniger essen, mehr bewegen und abführendes Wasser trinken.

Das Übergewicht machte unseren Vorfahren wenig Sorge, galt doch ein dicker Mensch als gesund. Und in der ganzen Literatur vor 1900 findet man kaum Hinweise auf das Abmagern.

Gegen Fettsucht anno 1769

Vernünftige Ansichten entdeckte ich in der medizinischen Wochenschrift »Der Arzt«, in dessen 59. Stück anno 1769 ein gewisser Hagedorn »Von der Fettigkeit des menschlichen Körpers« schreibt:
Ich weiß, wie gern man sich loben läßt, daß man einen bürgermeisterlichen Bauch und einen breiten, fetten Rücken habe. Diese Freude will ich heute den dicken Leuten verderben. Ich werde sie krank demonstrieren und ihnen, die bisher geglaubt haben, sie wären das Bild der

Gesundheit selbst, einen Schrecken einjagen, der ihnen bis in den Schmeerbauch dringt.

Herr Hagedorn fährt plastisch und richtig fort: *Freut Euch Eures Bauches, aber freuet Euch mit Furcht. Schauet umher, welche Gefahren auf Euch lauern, um sich von Eurem Überfluß zu ernähren: das zukkende Zipperlein mit den weiten Schuhen, die knotigte Gicht, das keichende Asthma, ein röchelnder Katarrh, ein schnarchender Schlagfluß und die schlafsüchtige Dummheit. Verwünscht sei der Bauch, der uns soviel Unglück verursacht!*

Er schildert dann genauso plastisch, wie sich die Fettzellen des Körpers füllen und anschwellen, und warnt vor den Mehlspeisen, den fetten Bieren und der Milch, in der man Speck gekocht hat (heute sind die Methoden, den Fettgehalt der Milch heraufzusetzen, subtiler, aber nicht weniger wirksam!). Und er zitiert einen sehr modern klingenden Ausspruch des Hippokrates:

Ein Mensch, der gut speiset, kann nicht gesund sein, wenn er nicht Leibesübung dabei hat. Man muß immer zusehen, daß die Arbeit und die Sättigung einander im Gleichgewicht halten.

Nach vielen schrecklichen Aufzählungen über die Folgen der Fettleibigkeit kommt er dann zum Hunger als der Weisheit letztem Schluß, erkennt aber auch, daß nach starkem Hungern der Körper gleichsam alles aus der Nahrung heraushole, um wieder zuzunehmen. Und so gesellt er zur Mäßigkeit die starken Gefühlsbewegungen, die Leidenschaften und die Wollust, die zur Schlankheit führen. Eine wahrhaft zeitgemäße Kur für uns heute. Und der Schlußsatz seines Artikels lautet:

Hagedorns Patentrezept

Ich rate vielmehr meinen fetten Lesern das Nachtwachen und das Nachdenken. Es gibt kein Mittel, das den Schmeerbauch mit mehr Ehre vertreibt, als die Algebra, wenn man sie nur des Nachts, aber gründlich, studiert, und am Tage Holz fällt. Dieses Mittel ist sympathetisch. Es wirkt durch die Geister und vertreibet die Fettigkeit durch a plus b.

Nun, im Laufe der Schlankheitsdiätgeschichte hat es verrücktere Methoden gegeben. Alle nämlich, die Gewichtsverlust ohne Reue versprachen. Die berühmteste von ihnen, die Punkt-Diät, reicht ins vorige Jahrhundert zurück.

Der wundersame Mister Banting

Zum Schlagerthema hat es keine Diät unserer Tage gebracht: weder Herrn Gayelord Hausers »Bleibe-jung-und-lebe-länger«-Methode, noch die »18-Tage-Hollywood-Diät«, weder Reis-Kur, Bircher-Benner-Müesli noch die Punkt-Diät sind besungen worden. Sie haben allenfalls zum Thema für Kabarettisten gelangt.

Doch es ist einmal dagewesen: 1860 besang man William Banting und seinen Diäterfolg. Und man prägte für *Gewicht verlieren* das Wort *to bant*. Womit wir die erste namentlich verzeichnete Wunderkur registrieren können.

Dieser Herr Banting, seines Zeichens Sargtischler in London, war so fett, daß er nur noch rückwärts die Treppe hinuntergehen konnte. Ihm riet Dr. Harvey, ein Ohrenarzt, der ihn wegen seiner Schwerhörigkeit behandelte, keine Pfannkuchen und Süßigkeiten, sondern Hammelfleisch zu essen. Und siehe da, bei der kohlenhydratarmen Ernährung wurde er dünn. Er schrieb ein Büchlein darüber »Letter on Corpulence«, das die Fama vom Bantingismus durch Europa verbreitete. Die Ärzte feindeten ihn an, und ein Howard Paul schrieb einen Schlager, der so klang: *Banting verlor seine Pfunde und damit sein hübsches Aussehen und seine hübsche Braut. Er verlor sich aber nicht ins Brüten, sondern kehrte schnell zu den Pfannkuchen zurück.*

Bantingismus – Verkäufer der Punkt-Diät

Die Geschichte hat eine Weisheit: fast alle, die durch eine Wunderdiät ihr Gewicht verlieren, haben es in spätestens einem Jahr wieder auf den Rippen.

Mister Banting wurde durch die Verfechter der Punktediät und durch den österreichischen Arzt Dr. Lutz in seinem Buch »Leben ohne Brot« wieder ausgegraben. Außerdem führen Dr. Lutz und die, die auf seinen Erkenntnissen populär aufgemachte Schlankheitskuren herausbrachten, als Kronzeugen für die kohlenhydratarme oder -freie Ernährung die Eskimos an.

Vorsicht mit Eingeborenen!

Leben ohne Brot

So heißt es bei Dr. Lutz: *Die urtümlich, das heißt nur von Fleisch und Fisch lebenden Eskimos hatten keine unserer Zivilisationskrankheiten und sie befanden sich in einem auffallenden seelischen Gleichgewicht. Erst »westliche« Nahrungsmittel (Zucker, Mehl) brachten den Umschwung. Heute leben die Eskimos fast wie wir und haben auch dieselben Krankheiten.*

Es mutet ein wenig naiv an, Eingeborene, die unter extremen Bedingungen – die anhaltende Kälte bedingt von sich aus schon einen ständig höheren Energieverbrauch – leben, als Beispiel für eine Kost heranzuziehen, die uns gesund und schlank machen soll. Außerdem ist ihre Nahrung nicht ganz so kohlenhydratarm wie man annahm, denn der Glykogengehalt (= tierische Stärke) besonders der Leber und der Muskelgewebe von Fleisch und Fisch ist recht hoch. Dazu sind und waren die Eskimos immer übergewichtig, da Dicksein bei ihnen Schönheitsideal ist. Wieso ihre Kost uns schlank machen soll, verstehe ich nicht ganz.

Bircher-Benner-Diät

Ähnlich war es mit dem Volk der Hunsa, das uns das Bircher-Müesli bescherte. Bei einer Expedition fand man in einem Gebirgstal des Himalaya ein Volk, das ungemein gesund war. Es lebte von Brotfladen aus grob zerriebenen Getreidekörnern, Früchten und Gemüsen. Fleisch und Milch aßen sie nicht, ihr einziges Fett: eine leicht ranzige Butter. Aus dieser Erkenntnis des langen und gesunden Lebens entwickelte Dr. Bircher sein

248
Kalorien

Ursprüngliches Apfelmüesli

1 gestrichener Eßlöffel Haferflocken · 3 Eßlöffel kaltes Wasser
1 Eßlöffel Zitronensaft · 1 Eßlöffel Kondensmilch
200 g Äpfel · 1 Eßlöffel geriebene Haselnüsse

Die Haferflocken 12 Stunden in Wasser einweichen, den Zitronensaft und die Milch beifügen. Die gewaschenen und gut abgeriebenen Äpfel von Stiel und Fliege befreien, komplett mit dem Butzen in die Flockensauce hineinreiben, öfters umrühren und die Haselnüsse darüberstreuen.
Diese Urform, naß, kalt und grau, finde ich nicht allzu köstlich. Außerdem stellte sich, als man per Hubschrauber die Hunsa auch im Winter besuchen konnte, heraus, daß sie keineswegs Vegetarier waren: wenn das Vieh von den Hochalmen zurückkam, wurde Milch getrunken, Käse gegessen und Fleisch, Fleisch, Fleisch.

Auch das Eiweiß galt mal als böse!

Dr. Hindhedes »Reform unserer Ernährung«

Während die einen die Kohlenhydrate verteufelten, taten es die anderen mit dem Eiweiß. Man nennt sie gemeiniglich Vegetarier, und sie haben keineswegs die ewige Schlankheit und Gesundheit gepachtet. Als erster hatte Justus von Liebig die Ansicht vertreten, daß Eiweiß der eigentliche Körper- und Zellbildner sei und es wichtig sei, dem Körper ausreichend Eiweiß zuzuführen (was sich nach dem neuesten Stand der Ernährungsforschung ja auch bestätigt hat). Aber keine Erkenntnis ohne Widerspruch. Um die Jahrhundertwende machte der dänische Arzt Hindhede von sich reden, als er propagierte, daß der Körper nur in geringem Maße Eiweiß brauche (tierisches wohlgemerkt) und daß man sich sehr wohl nur von Brot, Getreide, Kartoffeln, Obst, Milch und Fett ernähren könne. Seine »Reform unserer Ernährung« war auf Billigkeit eingeschworen, um das wachsende Proletariat vor dem Hunger zu schützen. Dickleibigkeit war bei den Bevölkerungsschichten, an die er dachte, sowieso kein Problem.

Wunderkuren am laufenden Band

Fletchern: sich dünn kauen

Zur gleichen Zeit machte der Amerikaner Horace Fletcher eine Entdeckung, die die Menschen schlank, gesund und kräftig machen sollte. Er zerkaute alle Speisen so lange, bis aller Geschmack herausgelaugt war. Man schluckte nur das Flüssige, die übriggebliebenen Gewebe spie man wieder aus. Fletchers Meinung, daß bei dieser Ernährung die Exkremente geruchlos würden, ja daß man keine Wasserklosetts mehr brauche für das bißchen aseptische pillenförmige Verdauung, stempeln ihn zu dem Narren, der er in Wahrheit war. Allerdings schlank wurde man dabei, denn die Kauzeiten (plus Energien) ließen einem kaum Zeit, sich richtig satt zu essen.

Quark, Joghurt und Kefir

Mit den Jahren wechselten die Moden: ob es Herr Weiß aus Weißensee mit seinem Allheilmittel Weißkäse war oder der Joghurt in den späten zwanziger Jahren, der mit dem Schlagwort *Das Maximum an Jahren erreichen die Bulgaren* verkauft wurde. Oder der Kefirpilz, der in vielen Wohnungen an mittelwarmem Ort in einer Waschschüssel schwamm wie eine große Qualle und Milch in gesundhaltenden, schlankmachenden Kefir verwandelte.

Fettmangel-Diät

Oder die Fett-Mangel-Diät der späten dreißiger, die Öl, Butter und Schmalz verdammte und wie alle einseitigen Diäten zunächst wirkte, dann aber Zusatzgewicht brachte. Es folgte der Krieg, bei dem die staatlich verordneten 1500 Kalorien alle Gewichtssorgen in den Hintergrund drängten. Aber auch Leute, die sich normal ernähren konnten, blieben schlank. Denn Alltagssorgen, Luftangriffe und der Gedanke ans Überleben verdrängten die Lust am Essen. Beweis dafür, daß Übergewicht ein komplexeres Phänomen als nur Zuviel-Essen ist. Der Nachkrieg war eigentlich nur ein Bemühen, satt zu werden. Man entwickelte Rezepte, ohne Fett doch schmackhaft zu kochen und zu braten (Methoden übrigens, auf die wir bei den kunststoffbeschichteten Pfannen in unseren kalorienarmen Rezepten zurückkommen werden), und wer ein Care-Paket aus den USA bekam (Inhalt 40 936 Kalorien), war seine Eßsorgen für einige Wochen los. Heute entspricht diese Menge genau dem, was man in 40 Tagen einer Abmagerungsdiät essen darf, allerdings nicht in seiner Zusammensetzung. Denn es enthielt 900 Gramm Fett, 900 Gramm Schokolade, 900 Gramm Vollmilchpulver, 225 Gramm Trocken-Ei, 450 Gramm getrocknete Pflaumen, 375 Gramm Bratenfleisch, 450 Gramm Leber: Dinge, die wir fast alle beim Abnehmen vermeiden.

Mit der Normalisierung kamen neue Wunderkuren:

Entwässerung

Entwässerungsdiät (wirkungslos, da das Wasser sofort wieder gespeichert wird, wenn man die Kur beendet. Inzwischen hat man aber den Mineralstoff-Haushalt empfindlich gestört);

Schilddrüsen-Extrakt

eine *Diät mit Schilddrüsen-Extrakten* (erzeugt Muskelschwund und nicht Fettverlust);

Gayelord Hauser: Bleibe jung und lebe länger

Gayelord Hauser, der die Methoden von Bircher-Benner, Dr. Hindhede und anderen Vitalstoff-Anhängern popularisierte und das »Régime Hauser« propagierte, das auf reichlich Eiweiß, wenig Fett und viel Gemüsen beruht, die möglichst naturbelassen sein sollen (erfolgreich, da vernünftig);

F.d.H.-Methode

die *F. d. H.-Methode,* die Mahlzeiten überspringt und hungern propagiert (unausgewogen, geht deshalb mehr auf Kosten des Muskel- als des Fettgewebes);

Wechseldiät = einen Tag nur Eier, den anderen nur Apfelsinen (nicht lange durchzuhalten, bringt Rhythmus durcheinander und führt dadurch anschließend zu Gewichtszunahmen);

Null-Diät: Nichts essen

Null-Diät (nur unter ärztlicher Aufsicht, sehr heilsam, wenn die Aufbauzeit anschließend lange genug dauert. Die meisten Anwender aber sind über kurz oder lang wieder auf ihrem alten Gewicht);

Punkte-Diät. An diesem Beispiel möchte ich Ihnen den Unfug aufzeigen, der heute mit der Schlankheit getrieben wird.

Der Rummel mit der Schlankheit

Die falsche Air-Force-Diät

Eine alte Geschichte (Banting-Kur) wird von dem britischen Arzt Dr. Mackarness ausgegraben (»Eat fat and grow slim«), wird in Amerika als »Air-Force-Diät« propagiert und löst einen Diätkrieg zwischen den großen Frauenzeitschriften McCalls und Good Housekeeping aus. Good Housekeeping ist dagegen und erfährt von der US-Luftwaffe, daß diese Diät ein Experiment unter vielen Versuchen gewesen sei, das Gewicht der Piloten unter Kontrolle zu halten. In McCalls verficht der Kolumnist Joseph Alsop (der wohl auch den Begriff »Air-Force-Diät« zuerst aufgebracht hat) seine Thesen von der Martini-Trinker-Diät: »Drink, Eat and be Thin«. Von ihm übernahm die Ex-Tänzerin Carise die Diät, sagte statt Kohlenhydrat-Gramm »Punkte« und verkaufte eine Broschüre »Hurra, die Punkt-Diät ist da – erfreulich, erfolgreich, alkoholisch« mit einem Herstellungspreis von etwa 70 Pfennig für DM 6,– im Selbstverlag in einer Auflage von 750 000 Stück. Wobei überhaupt nicht ins Gewicht fiel, daß das Buch voller Fehler steckte und die Verfasserin ausgesprochen fett ist.

Die Punkt-Diät

Als »Régime Plaisir« wurde diese Diät in Frankreich als »Passeport pour la ligne« für 20 NF verkauft: eigentlich nur eine Tabelle, wieviel Gramm Kohlenhydrate Lebensmittel und Getränke enthalten, mit einigen knappen Anweisungen zur Durchführung der Diät. Man sollte in den Magerpaß seinen Namen eintragen, damit er nicht übertragbar ist – was der Auflage zugute kommt –, und schließlich versuchten sich noch zwei Journalisten und der Münchener Modemacher Poschetsrieder an den Punkte-Diät-Dampfer mit einer »Berliner Kur« anzuhängen, die

Die Vital-Kur

neuerdings in »Vital-Kur« umbenannt wurde. Sie basiert auch auf 60 Gramm Kohlenhydraten pro Tag, propagiert aber nicht uneingeschränkten Alkoholgenuß, wie es die Punktdiät machte. Eine »Gesellschaft für Schlankheits-Diät«, eine »Brotzeit-Alm« bei Ruhpolding (paradox, bei Kohlenhydrat-Einschränkung von »Brot« zu sprechen), ein geplantes Kurhaus in Berlin und Diätmahlzeiten in führenden Restaurants sind die hochfliegenden Pläne der Vital-Kur-Leute.
Was ist nun an dieser Kohlenhydrat-Einschränkung dran?
Man nimmt zunächst einmal ab. Vor allen Dingen die Leute, die kohlenhydratreiche Nahrung besonders lieben und eiweißreiche und fetthaltige nicht mögen. Professor Dr. Hötzel (Institut für Ernährungswissenschaft, Bonn) sagt dazu: *Wollte man auf diesem Prinzip eine Diätform begründen, dann wäre es einfacher, einem übergewichtigen Patienten alle beliebten Lebensmittel zu verbieten und nur solche zu empfehlen, die er nicht mag. Er wird diese* (sicherlich erfolgreiche) *Diät nicht lange einhalten.* Ich würde ihr das Schlagwort »Ekeln Sie sich schlank« verpassen. Weiter Professor Hötzel: *Wenn das Prinzip, auf dem die Punkt-Diät beruht, stimmt, müßten übrigens die nomadisierenden Eskimos und alle Zuckerkranken dünn sein, denn sie befolgten dieses Prinzip schon, als es als Wunderdiät noch gar nicht erfunden war* (über die dicken Eskimos sprachen wir schon), *und bei Diabetikern ist Übergewicht häufiger als bei der übrigen Bevölkerung.*
Der Grund für die anfänglichen Erfolge: fettreiche, kohlenhydratarme Kost bewirkt eine schnelle Gewichtsabnahme. Kohlenhydrate bremsen Wasserverlust; fehlen sie, verliert der Körper zunächst einmal Wasser. Gefahr dieser Diät: weitere Erhöhung des Fettverzehrs, dadurch Belastung der Leber, Gefahr eines Herzinfarkts. Durch Unterversorgung mit Gemüsen und Obst Verlust an Vitaminen und Mineralstoffen.

Wer Fett ißt, wird Fett los

Dr. Tallers
»Fett frißt Fett«

Diese Wunderdiät verkaufte der amerikanische Gynäkologe Dr. Herman Taller mit seinem »Calories Don't Count« gleich über eine Million Mal, ein Beweis dafür, wie man mit den Abmagerwünschen anderer selbst ein dickes Portemonnaie bekommen kann. Seine Fettdiät propagiert den Konsum mehrfach ungesättigter Fettsäuren (also Sonnenblumenöl, Distelöl, Maiskeimöl) nach der Idee: Fett frißt Fett. Eine Theorie, die aller Biochemie Hohn spricht. Würde sie stimmen, gäbe es keine dicken Leute. Der Witz: bald tritt ein solcher Ekel vor Fett ein, daß man von sich aus schon weniger ißt. Denn ein Tagesmenü sieht so aus: Zum Frühstück 1 oder 2 Spiegeleier in Öl gebraten, 1 Scheibe Vollkornbrot mit Käse, Kaffee; zum Mittagessen Fleisch, Geflügel oder Fisch, auf jeden Fall 250 Gramm, Gemüse wie Sauerkraut, Artischocken, Auberginen, Pilze oder Spinat, 1 Scheibe Vollkornbrot, Tee oder Kaffee;

und zum Abendessen Fleisch, Geflügel oder Fisch, auf jeden Fall 300 Gramm, Gemüse wie Tomaten, Blumenkohl oder Broccoli. Dazu am Tag 100 Gramm Öl und 60 Gramm Margarine, beide mit hochungesättigten Fettsäuren. Sehr wichtig: Niemals hungrig aufstehen, nie eine Mahlzeit ausfallen lassen.
In jüngster Zeit (Frühjahr 1972) zeigten Versuche an Patienten in Gießen und Würzburg, daß fettreiche (bis 150 Gramm Fett täglich) und kohlenhydratarme Ernährung zu einer Fettmobilisation und damit zum Abnehmen führen kann. Maiskeimöl zeigte die besten Erfolge. Professor Wieland, München, sagt sogar: »Es mag vielen paradox scheinen, wenn ich vereinfachend sage: Kohlenhydrate machen fetter als Fette.«

Die Friß-dich-schlank-Diät

Dr. Humplik: Unrationelle Ernährung

von Dr. Humplik aus Wien basiert auf der Überlegung, daß für die Verdauung mehr Energie benötigt wird, als die Nahrung enthält. Man soll sich unrationell ernähren, das heißt die Eier nicht weich gekocht, sondern hart, Obst nicht als Saft, sondern als ganze Frucht, Fett nicht in Wurst, sondern als Öl auf einem Berg Salat. Auf Kohlenhydrate wird (außer Obst und Gemüse) verzichtet. Wichtig ist das »Test-Essen«, das zum Frühstück größtmögliche Mengen von magerem Schinken, Zunge, Roastbeef und kaltem gekochtem Rindfleisch, 2 bis 3 hartgekochte Eier, wahlweise rohes Sauerkraut, Radieschen, rohe Gurken und Paprikaschoten gestattet. Dazu wird Kräutertee empfohlen. Das widerspricht unseren Ernährungsgewohnheiten so sehr, daß bald der Widerwille kommt. In meiner Abmagerungs-Experimentierzeit habe ich das mal versucht und nach 3 Tagen wieder aufgegeben.

Reis und die dicke Gouverneurin

Dr. Kempners Reis-Diät

Auch die Reisdiät ist eigentlich nur unter strenger ärztlicher Aufsicht durchzuhalten. Die bekannteste der verschiedenen Abwandlungen (neueste Version: naturbelassener Reis aus dem Reformhaus mit fernöstlicher Mystik und Zen-Touch) ist die Kempnersche Diät. In seiner Klinik in Nord-Carolina entwässert der Doktor die Fetten mit salzlos gekochtem Reis und zwar ausschließlich mit Reis. Bekannteste Patientin war die Erste Dame des Staates New Jersey, die 1968 dort 75 Pfund Gewicht verlor. Sie selbst schilderte den Geschmack »wie nasse Papiertaschentücher«. Eine kulinarisch so sadistische Kur ist nur in der Klinik durchzuhalten, und später mag man, glaube ich, niemals mehr Reis essen. Ob die Kur dauerhaft ist, wage ich zu bezweifeln.

Das Problem der Klinik-Kuren

Es gibt kaum ein Sanatorium, das heute nicht auch Abmagerungskuren anbietet. Dabei sind die verschiedenen Möglichkeiten einer Reduktionskost (zwischen 600 und 1200 Kalorien täglich) noch die vernünftigsten.

Heil- und Saftfasten

Unter Aufsicht eines Arztes und im Kreis von Schicksalsgefährten lassen sie sich relativ gut durchführen. Das Wichtigste dabei ist, daß man die Kur in nicht zu kurzer Zeit absolviert, sondern sich auch Zeit läßt, sich wieder auf ein normales, etwas reduziertes Essen umzustellen.
Das gilt vor allem für das Heilfasten oder Saftfasten. Hierbei wird der Körper kalorienmäßig auf Null gestellt. Das Magenknurren und die Hungergefühle verschwinden nach einigen Tagen vollständig, Freßträume sind selten. Versuche haben erwiesen, daß gerade rapide Gewichtsabnahmen bei sehr dicken Leuten (mindestens 100 Kilo Gewicht) wünschenswert sind und überhaupt keine Schädigungen hervorrufen. Der Organismus gerät nicht aus dem Gleichgewicht, er verliert nur Gewicht: bei Männern 1 Pfund pro Tag, bei Frauen etwas weniger. Vor allem wird durch die Null-Diät der suchtähnliche Zwang gebrochen, mehr und mehr zu essen.
Der Nachteil dieser Radikalkur: die meisten der Patienten nehmen sich zu wenig Zeit. Sie kehren zu früh ins Alltagsleben zurück (aus einer Ausnahmesituation) und beginnen dort wieder, wo sie aufgehört haben. Das verlorene Gewicht haben sie sich nach einiger Zeit wieder angegessen, und das Sanatorium gewinnt auf diese Art Stammkunden. Auf 20 Tage Kur sollten mindestens 14 Tage Aufbau-Diät folgen. Ich kenne eine Reihe von Leuten, die jährlich ein- oder zweimal sich einer solchen Roßkur unterziehen und ihr Körper wird nicht schöner und nicht widerstandsfähiger dadurch. Viele Ärzte stehen Hungerkuren aus psychologischen Gründen skeptisch gegenüber: der Patient wird durch eine solche Kur nicht in seiner Einstellung zum Essen geändert (was alleine für einen Dauererfolg wichtig ist). Er wird nur einer Ausnahmesituation unterworfen, deren zeitliche Begrenzung ihm von Anfang an bekannt ist.

Wein und Brot nach Schroth

Schroth-Kur: naß und trocken

Die Schrothkur, bei der Trink- und Trockentage einander abwechseln, besteht hauptsächlich aus Wein und Brot. Das schafft eine gewisse Euphorie. Wirkungsvoll ist die Kur, wenn man sich anschließend an die Eßregeln hält: Frühstück 30 Prozent der Tages-Ernährung, 5 kleine statt 3 Hauptmahlzeiten. Fett meiden, sorgfältig kauen, nur bis zur Sättigung essen.

Fisch macht schlank

Dr. Kuhn: Fischtage machen schlank

sagte Dr. Kuhn nicht nur, er machte auch eine Kur daraus. Er entwickelte sie aus den Beobachtungen des Dr. Alain Bombard. Dieser hatte den Ozean in einem Boot überquert und sich dabei wochenlang von selbstgefangenen Fischen ernährt. Andere Lebensmittel hatte Dr. Bombard gar nicht erst mitgenommen. Er überstand das Experiment gesund und schlank, und Dr. Kuhn fand in einem Selbstversuch die Lösung, eine Kur auf zwei aufeinanderfolgenden Fischtagen aufzubauen. Die Gewichtsabnahme erfolgt durch die Kalorienarmut der Kur, durch ihre Eiweißkonzentration und schließlich durch den Jodgehalt des Seefisches, der die körpereigene Verbrennung aktiviert. Außerdem wird durch den Fisch die Natriumbilanz des Körpers günstig beeinflußt: Kochsalz wird ausgeschieden. An den Kurtagen ißt man neben dem Frühstück aus 1 Ei, 1 Scheibe trockenem Brot, Kaffee oder Tee mittags und abends je 500 Gramm mageren Seefisch, gekocht, gedünstet oder geräuchert. Dazu insgesamt 2 Äpfel und 2 Orangen; 2 Gläser Milch pro Tag sind auch noch erlaubt. Vitamin C soll man zusätzlich nehmen.
5 Tage mit Normaldiät (1500 Kalorien) folgen lassen, dann wieder 2 Fischtage. Dr. Kuhn rät das 6 Wochen lang – Gewichtsverlust 6 Kilo. Medizinische Bedenken bestehen nicht, Hauptsache: Sie mögen Fisch.

Eine Trennung von Ei und Brot

Dr. Hay: Trennen Sie Eiweiß und Kohlenhydrate

Die Haysche Trennkost arbeitet mit der scharfen Trennung von Eiweiß und Kohlenhydraten. Der amerikanische Arzt behauptet: *Die allgemein übliche Ernährung widerspricht durch ihre Mischung von Eiweiß und Kohlenhydraten bei einer Mahlzeit der Chemie des Körpers und verwirrt die Verdauung. Eiweiß und saure Früchte verlangen zur Verdauung Säurelösung, Stärke und Zucker Basenlösung.* Diese Reformkost, bei der nie Kartoffeln und Fleisch, Brot und Ei, Milch und Zucker zusammen gegessen werden dürfen, wird auch in der Abmagerungsdiät verwendet. Sie taucht meist unter den Begriffen »Umsteiger-Diät« oder »Ein-Nährstoff-Kur« auf.

Von den unzähligen Modekuren war die bekannteste die

Hollywood-18-Tage-Diät

die aus den Glanzzeiten der Filmmetropole stammt und mit dem Hungern einen gewissen Glamour vermittelte. Sie bestand hauptsächlich aus

Hollywood-Mayo-Diät

Grapefruit oder Ananas, dünnen hartgerösteten Toastscheiben, Eiern, winzigen Steaks oder Lammkoteletts, schwarzem Kaffee und wenig Gemüse und wird heute, nachdem Hollywood nicht mehr »in« ist, als »Mayo-Diät« verkauft. Ihre Wirkung beruht auf einer einigermaßen ausgewogenen 1000-Kalorien-Diät, was unweigerlich zum Abnehmen führt. Das gleiche Prinzip hat auch die »Iß-dich-schlank-Diät« von Cooley, bei der Eiweiß-, Kohlenhydrat- und Fettanteile kalorisch gleich verteilt sind, was bedeutet, daß man doppelt soviel Eiweiß- und Kohlenhydrate wie Fett zu sich nimmt.
Am beliebtesten aber sind immer noch die Kurzdiäten, auf die man sich wie auf ein neues Spielzeug stürzt und mit denen man über ein Wochenende einige angefressene Pfunde wieder loswerden kann. Trotzdem möchte ich vor den Radikalformen warnen. Ich halte es für vernünftiger, 2 oder 3 Kilo Übergewicht in 14 Tagen loszuwerden, indem man sich wirklich insgesamt etwas einschränkt, als eine Roßkur zu machen, die den Körper erschöpft und aushungert. Wie zum Beispiel die

6-Äpfel-Kur

6 Äpfel pro Tag

Erlaubt sind 6 Äpfel mit der Schale über den Tag verteilt. Dazu Apfelschalentee mit Süßstoff. Fast eine Null-Diät, die stark entwässert. Vorsicht für Kreislauflabile. Macht man sie über das Wochenende, muß das Montagsfrühstück leicht und nahrhaft sein und das Mittagessen keineswegs üppig. Sonst wird es Ihnen garantiert schlecht. Noch härter ist die

Harte-Eier-Diät

6 Eier pro Tag

Erlaubt sind pro Tag 6 hartgekochte Eier, 3 Scheiben Toast, geröstet, 1 Tasse Kaffee, 1 Glas Mineralwasser, 1 Glas herber Weißwein. Sättigt mit 600 Kalorien. Ist aber nichts für Leute mit empfindlichem Magen, für Leute mit schwacher Leber sogar giftig. Eine Art potenzierter Punkte-Diät mit Flüssigkeitsbeschränkung. Höchstens 2 oder 3 Tage hintereinander, am besten nur 1 Tag.

Buttermilch-Bananen-Diät

Bananen und Buttermilch

Erlaubt pro Tag 1 Liter Buttermilch und 2 Bananen. Auf 4 gemixte Mahlzeiten verteilt. Kräutertee mit Süßstoff oder Mineralwasser gegen den Durst zusätzlich gestattet. Eine verbrämte Hungerkur mit nur 450 Kalorien. Nicht ganz so kreislaufbelastend wie die Apfel-Diät, aber auch nicht so wirksam. Nachteil: Nichts zu kauen, süßlich fader Geschmack.

Quark-Diät

3 Tage lang Quark

Erlaubt sind jeden Tag 500 Gramm Magerquark, dazu 1 Eßlöffel gehackte frische Kräuter und 500 Gramm Obst wie Erdbeeren, Himbeeren oder frische Ananas. Zum Süßen Süßstoff, als Getränk Mineralwasser. Sättigt, hat ausreichend Nährstoffe, sollte aber nur 2 oder 3 Tage hintereinander genommen werden. Dann findet man den Quark allein recht eintönig. An einem Tag kann man auch statt Obst 750 Gramm eingelegte Gurken essen: ihre Milchsäure räumt den Körper gut durch, ihr Kaloriengehalt liegt etwa bei 60.

Vom Weizen-Gel und der Vollweizen-Diät

Weizen-Gel sättigt

Noch nie habe ich eine so poetische Beschreibung eines unansehnlichen Kleisters gefunden wie diese: *Gewonnen aus der Urkraft des reifen goldenen Weizenkorns, veredelt zu einer biologisch wirksamen Schlankheitskost*. Dabei sieht die Masse amorph und gräulich aus, schmeckt nach nichts, und man kann sie noch nicht einmal kauen.
Ihr Vorteil:sie sättigt gut, enthält alle lebenswichtigen Stoffe, und man nimmt wirklich rapide ab. Man sollte sich allerdings die ersten Tage nicht zu Übermut verleiten lassen, der Rekord-Anfang beruht stark auf Wasserverlust. Gesundheitlicher Vorteil: auch der Darm wird entschlackt und gereinigt.
Man darf sich seine 4 bis 5 Mahlzeiten am Tag, die bei 200 Gramm Grundstoff 750 Kalorien enthalten, mit Obstsaft, Süßstoff, Tomatensaft oder ähnlichem schmackhafter machen. Dabei muß man nur aufpassen, daß die Zutaten nicht zu viele Kalorien bringen. Ich finde diese Diät nur gut, um innerhalb von 2 bis 3 Tagen sein Gewicht wieder so zu regulieren, daß man 2 oder 3 Pfund Übergewicht schnell wieder

wegschafft. Denn über längeren Zeitraum ist sie für mich feinschmekkerisch unzumutbar. Ich habe aber eine Reihe Freunde, Feinschmecker vor der Tafel, die damit immer wieder ihr Gewicht einpendeln. Ich halte es für kulinarischen Masochismus. Von Milupa gibt es ein Rezeptheft, in dem eine Reihe kalorienärmster Mahlzeiten mit Vollweizen-Diät aufgeschrieben sind.

Fix-Fertig-Diäten

Suppen, die satt machen

Es gibt Pulver und Flüssigkeiten, die so zusammengesetzt sind, daß man sie nur mit Wasser, Milch oder Obstsäften versetzen muß und sie ergeben eine kalorienarme, aber vollwertige Mahlzeit. Mögen sie Minvitine, Molat oder Minikal heißen, die Wirkung ist die gleiche: man wird erstaunlich gesättigt.
Die Mahlzeiten sind leicht herzustellen, man braucht keine Kalorien zu zählen. Ihr Nachteil: alle sind in suppiger oder flüssiger Form. Bester Anwendungsbereich: Über einen längeren Zeitraum eine Mahlzeit am Tag durch so einen Kaloriensparer ersetzen (am besten das Abendessen). Es ist dann aber wichtig, die hier eingesparten Kalorien nicht an anderer Stelle dazu zu essen. Man kann so am leichtesten ein 3- bis 4-Kilo-Überschreiten des Normalgewichts korrigieren.
Die Suppen Zupavitin, Minikal und gurmevit (alle in verschiedenen Geschmacksvarianten, von denen mir Tomate am besten schmeckt) sind mit pflanzlichen Quell- und Füllstoffen angereichert, die aus den Früchten des Johannisbrotbaums oder aus der Guarbohne gewonnen werden. Ein Teller genügt, um völlig zu sättigen. Dieser Teller enthält nicht mehr als 100 Kalorien, der Rest ist unverdaulich.
Man kann den recht ordentlichen Geschmack durch frische Kräuter wesentlich verbessern oder dadurch, daß man Tomaten-, Gurken-, Spargel- oder Pilzstückchen hinzufügt, die ja alle auch kaum Kalorien haben.
Auf die Dauer wird einem die suppige Form etwas leid, aber ich bin gewiß, daß sich gerade auf diesem Gebiet der sättigenden, fast kalorienfreien Nahrungsmittel in kurzer Zeit eine Menge Neues tun wird.
Wer Süßes liebt, kann mit Keksen abnehmen. Mein Hausarzt zum Beispiel hat sich so 40 Pfund heruntergeknuspert. Die Siks-Schlankheits-Kekse enthalten Eiweiß, Kohlenhydrate und Fett (wobei nach der Ernährungslehre das Fett im Verhältnis etwas zu gut wegkommt), alle notwendigen Vitamine und Mineralien. Ein Keks enthält 150 Kalorien, 2 Kekse ersetzen eine Mahlzeit und machen auch satt. Man soll pro Mahlzeit ein Glas Milch dazu trinken.

Ebenfalls gut geeignet, um das Abendessen zu ersetzen.
Meine Gewißheit hat sich bestätigt. Zur Zeit der Bearbeitung dieser Neuauflage hat Minikal sein Angebot um drei feste Gerichte erweitert: Curry-Gericht mit Reis und Huhn, Paprika-Gericht mit Nudeln und Rindfleisch, Champignon-Gericht mit Reis. Jede sattmachende Mahlzeit mit 200 Kalorien. Außerdem drei Sorten süße Waffeln, die mit 150 Kalorien sättigen.
Aus England kam das Limmits-Programm zu uns. Sechs verschiedene Mahlzeiten wie Kekse mit Orangencreme-Füllung oder Kekse mit Diätvollmilchschokolade oder Gebäck mit Käsecreme-Füllung oder Spaghetti mit Tomatensauce. Ebenfalls mit geringer Kalorienmenge sattmachend.
Ich könnte ein ganzes Buch mit Diäten füllen, die uns Gewichtsabnahme versprechen. Unter attraktiven Namen wie »Texas-Diät« oder »Bonanza-Kur«, unter sachlichen wie »Artischocken-Abnahme« oder »Milch-Brötchen-Kur«, unter schicken Bezeichnungen wie »Oranier-Diät« oder »Callas-Kur« basieren sie einmal auf Kalorien-Reduzierung, zum anderen auf einseitiger Nahrungsversorgung. Leben kann man mit ihnen nicht. *Wie* man mit der Schlankheit lebt, erfahren Sie im nächsten Kapitel, in dem ich von eigenen, positiven Erfahrungen berichte.
Es sind subjektive Erfahrungen eines Mannes, der gerne ißt und durch seinen Beruf immer wieder in Versuchung geführt wird. Der Rezepte ausprobieren muß, der nicht streng Diät leben kann. Erfahrungen also, die sich ohne weiteres verallgemeinern lassen, denn meine Bedingungen waren besonders schwierig.

Vom richtigen Schlankwerden

Wir haben gelernt, daß zu viele Kalorien sich im Körper in Fett verwandeln. Dieses Fett wird unter der Haut abgelagert und läßt uns dick erscheinen. Deshalb lautet die erste Frage: Wann ist man zu dick?

Idealgewicht ist individuell

Es gibt eine Menge mehr oder weniger ausführlicher Tabellen, die das Idealgewicht für Mann und Frau, klein und groß, jung und alt, aufführen. Davon halte ich wenig, denn in ihnen sind weder der Körperbau-Typ, noch die Knochen oder die Erbanlagen berücksichtigt. Wobei wir dem Knochenbau nicht zuviel Gewicht beimessen sollen. Ob Sie schwere oder leichte Knochen haben, erkennen Sie am besten an Ihren Handgelenken: sind sie schmal, dann ist auch Ihr Knochenbau leicht, auch wenn Sie noch so mächtig aussehen.

Deshalb ist die Waage nur dann ein Gradmesser, wenn sie uns anzeigt, daß unser Gewicht unaufhaltsam steigt oder daß wir über 100 Kilo wiegen. Das ist fast immer zuviel, es sei denn, Sie sind ein Riese oder ein Gewichtheber mit ungeheuren Muskeln. Das einfachste ist ein Blick in den Spiegel: der Spiegel soll körpergroß und wir nackt sein. Die Diagnose ist leicht: unmittelbar unter der Haut sitzt die Hälfte des vom Körper gespeicherten Fettes. Und alles, was wir mit zwei Fingerspitzen kneifen können, ist Fett, denn unsere Haut ist nur Millimeter dick. Am präzisesten kann man das zwischen Ellbogen und Schulter an der Innenseite des Oberarms feststellen. Wenn hier die Hautfalte mehr als anderthalb bis zweieinhalb Zentimeter dick ist – je nach Ihrem Körpertyp –, dann sollten Sie abnehmen.

Über das Idealgewicht streiten sich die Wissenschaftler. Die einen sagen: es ist das Gewicht, das man bei Beendigung des Wachstums hatte, die anderen halten sich an die einfache Faustregel »Zentimeter über ein Meter in Kilo« und neuerdings sollen davon noch 10 Prozent abgezogen werden. Das hieße: bei meinen 1 Meter 90 dürfte ich 90 Kilo minus 9 Kilo, also 81 Kilo, wiegen. Und das ist für mich offensichtlich zu wenig, denn bei 85 Kilo kann man bei mir schon die Rippen zählen. Ich halte mich in etwa an das Zentimeter-über-ein-Meter-Gewicht, und ich finde, wer das hält, kann eigentlich mit sich zufrieden sein.

Es gibt eine Faustregel

Zuerst muß man den Bann brechen

Wenn man nun festgestellt hat, daß man zu dick geworden ist, sollte man abnehmen. Das ist um so schwieriger, je länger man das Übergewicht hat. Nach einem Jahr etwa hat sich der Körper in seinen ganzen Funktionen auf das Übergewicht eingespielt, das Gewicht ist stabil geworden. Sie werden es sicher selbst erfahren haben: man kann ein paar angefressene Kilo relativ leicht mit einer der vielen Kurz-Diäten herunterbekommen; aus dem stabilen Gewicht auszubrechen, ist verdammt schwer und manchmal schier hoffnungslos. Nun ist noch eine Gefahr dabei: wenn man nicht immer wieder sein Gewicht kontrolliert, kann sich die Stabilität langsam, aber sicher nach oben verschieben. Womit wir beim Problem wären, warum Dicke dazu neigen, noch dicker zu werden. Es ist – wie ich Ihnen schon schilderte – eine zwanghafte Lust am Essen. Die bestechendste Erklärung dafür stammt von Professor Jean Vague, Universität Marseille. Er hat festgestellt, daß die Kohlenhydrate, die der Körper zunächst in Traubenzucker umwandelt, bei Dicken vornehmlich gleich vom Fettgewebe aufgenommen werden, während sie bei Normalgewichtigen zunächst Muskeln und Gehirn versorgen und erst der Überschuß dem Fettgewebe zugeschoben wird. Also kann das Hungerzentrum im Gehirn des Dicken erst dann eine Sättigungsmeldung herausschicken, wenn das Fettgewebe von Traubenzucker überschwemmt ist und für Gehirn und Muskeln genug übriggeblieben ist. Das heißt: Dicke mästen zunächst nur ihren Speck weiter und erst dann kommen die Muskeln dran. Was wiederum eine Erhöhung der Passivität bedeutet.

Fett bleibt uns treu

Hungern ist die dümmste Abmagerungsmethode

Wenn dem Körper mehr Kalorien zugeführt werden, als er verbrauchen kann, legt er sich Fettreserven an. Folglich muß er, wenn man ihm weniger Kalorien zuführt, als er braucht, diese Fettreserven wieder verwenden und abbauen. Wir haben aber auch gelernt, daß Dickwerden mehr ist als nur zuviel essen. Also muß auch dauerhaftes Abnehmen mehr sein als nur weniger essen. Und das wollen wir hier untersuchen. Ein Kilo Übergewicht besteht aus 850 Gramm reinem Fett und 150 Gramm Wasser. Das entspricht einem Zuvielverzehr von 7700 Kalorien. Die gleiche Kalorienmenge, negativ gesehen, muß er sich wieder abziehen. Auf diese Weise kann man sich sein Abnahmesoll genau errechnen.

1 kg Übergewicht = 7700 Kalorien

Nehmen wir einmal an, Sie haben 10 Kilo Übergewicht. Dann sind das 77 000 Kalorien zuviel: 8,5 Kilo reines Fett und $1^1/_2$ Liter Wasser. Das Wasser sind Sie übrigens am schnellsten los und haben es aber genauso schnell wieder aufgenommen: Das können Ihnen alle bestätigen, die durch Sauna oder Entwässerungspillen dauerhaft abnehmen wollten. Wenn wir annehmen, daß der Mensch mit den 77 000 Kalorien an Übergewicht von seiner Größe, seinem Typus und seiner Beschäftigung her pro Tag 2600 Kalorien braucht, dann könnte er sich von diesem Überschuß genau einen Monat völlig ernähren. Wenn er pro Tag 600 Kalorien weniger ißt – also nur noch 2000 –, dann braucht er 129 Tage oder gut 4 Monate, um von seinem Übergewicht herunterzukommen. Bei einer Reduktionskost von nur 1500 Kalorien pro Tag, die bei den meisten nicht zu strengen Diäten vorgeschrieben wird, sind es genau 70 Tage. Das bedeutet, daß man pro Woche ein Kilo Gewicht verliert.

Abnehm-Tempo selbst bestimmen

In welchem Tempo man abnehmen will, möchte ich dem einzelnen überlassen. Es hängt davon ab, ob er berufstätig ist, viel auf Reisen oder die meiste Zeit zu Hause. Wer sich selbst bekochen (lassen) kann, hat es wesentlich leichter als der, der auf die Küche von anderen angewiesen ist.

Verfallen Sie nur nicht in den Fehler, hungern zu wollen. Das kann man wirklich nur in einer Klinik und unter ärztlicher Aufsicht. Richten Sie Ihren Speiseplan so ein, daß Sie nicht ständig überhungert sind. Denn dann werden Sie es erstens nicht lange aushalten und sich dazu noch krank machen. Sie werden überreizt und nervös werden, aus dem Mund riechen und nicht richtig arbeiten können. Und es kann Ihnen auch passieren, daß Sie durch falsches Hungern nicht nur Ihr Fett abbauen, sondern auch Ihr Muskelgewebe auffressen. Wie eine Heuschrecke ihre eigenen Beine.

Der Heuschrecken-Effekt

Zoologen haben diesen Versuch gemacht: einer Heuschrecke wurde das eigene Hinterbein zwischen die Kiefer gesteckt, und sie fraß es auf. Deshalb möchte ich das falsche Abnehmen Gewichtsverlust durch Heuschrecken-Effekt nennen. Wir können uns dabei nämlich buchstäblich selbst auffressen.

Der menschliche Körper setzt sich aus drei verschiedenen Massen zusammen: aus der der Organe und Muskeln, aus der Flüssigkeit (Blut und Wasser) und aus dem Fett. Allein gegen das Fett ist das Abnehmen gerichtet.

Wer seine Diät falsch zusammensetzt, wer ungelernt hungert, wer nur die »Hälfte frißt«, der greift genauso die Muskel- und Organmasse an. Es kann sogar passieren, daß man bei einer schlecht ausgewogenen Abnahme-Kur Muskeln auffrißt und neues Fett ansetzt. Von der Waage her merkt man das nicht, denn das Fett vermehrt sich im gleichen Maß, wie die Muskeln schwinden: man nimmt nicht zu, aber auch nicht ab.

Den Salzhaushalt nicht stören

Fast noch gefährlicher ist es, das innere Meer in Unordnung zu bringen, indem man den Körper entwässert und dabei den wohl ausgeglichenen Salzhaushalt stört. Diese Körpermineralien sind lebenswichtige Steuerungselemente (in der Raumfahrt stoppt jeder Countdown, wenn auch nur das kleinste elektronische Teil ausfällt – wir gehen mit unserem Körper viel unbedachter um, obwohl er ein komplizierteres Gebilde ist als eine Weltraumrakete), die die biochemischen Vorgänge beeinflussen. Sie sind gerade bei einer Abmagerungskur wichtig, in der ja biochemische Prozesse umfunktioniert oder in Bewegung gebracht werden sollen. Der Entzug von Flüssigkeit und Salz, der in so vielen Kuren befohlen wird, ist nichts als eine Selbsttäuschung und gefährlich dazu. Nicht umsonst klagen diese Abnehmer bald über Müdigkeit, eine Folge der Störung des Natrium-Kalium-Gleichgewichts (Faustregel: *Was Calcium [Kalk] für die Knochen, ist Kalium für die Weichteile)* oder sie bekommen Herzbeklemmungen: bei Kochsalzmangel gerät das Säure-Basen-Gleichgewicht des Blutes in Unordnung.

Folgerung: Wir müssen beim Abnehmen nur das Fettgewebe angreifen und dafür sorgen, daß der Mineralhaushalt in Ordnung bleibt. Dafür habe ich zwei vorzügliche Rezepte und ein Zitat.

Auf jeden Diät-Plan zu setzen

Fangen wir mit dem Zitat an. Es stammt von Dr. Jarvis aus dessen Buch »5 x 20 Jahre leben«:
Jeder, der den Wunsch hat, soviel wie möglich aus seinem Leben zu machen, muß lernen, das rechte Gleichgewicht zwischen Kalium und Natrium zu halten. Schließlich besteht der Körper zum Teil aus Mineralien, und dessen sollte man sich bewußt sein. Je nachdem, wie man sich tagsüber fühlt, kann man daraus lernen, welche Mineralien man braucht, um das Gleichgewicht wieder herzustellen und – falls verloren – die körperliche Schwungkraft zurückzugewinnen.

Deshalb trinken wir jeden Morgen auf nüchternen Magen, möglichst $^1/_2$ bis $^1/_4$ Stunde vor dem Frühstück, diesen

35
Kalorien

Leistungs-Drink

1 Eßlöffel Apfelessig (Reformprodukt)
1 Teelöffel naturbelassener Bienenhonig (= 10 g)
lauwarmes Wasser

Honig in einem Glas mit warmem Wasser auflösen, den Obstessig dazurühren und noch lauwarm trinken. Schmeckt gut, hat 35 Kalorien, deckt den täglichen Kaliumbedarf völlig und gibt uns noch Eisen, Kupfer, Mangan, Kalzium, Phosphor, Aluminium und Magnesium. Der im Honig enthaltene Zucker wird sowohl ohne Verdauungsprozeß in die Blutbahn überführt und ist ein rasch wirkender Energiespender als auch langsam absorbiert und hält dadurch den Blutzuckerspiegel und gibt ein Gefühl der Sättigung. Da wir beim Abmagern relativ stärker auf Eiweiß setzen, um die Muskulatur zu nähren, können wir immer wieder eine stark basenbildende Mahlzeit brauchen, die außerdem gegen Gliederschmerzen hilft, die auch beim Abmagern auftreten können.

150
Kalorien

Das Regulations-Omelett (300 g)

2 rohe Kartoffeln mit Schale (zusammen 150 Gramm)
1 Ei · 1 Eßlöffel Petersilie · 2 grob geraffelte Karotten
Salz · Pfeffer · nach Geschmack auch etwas Kümmel

Die Kartoffeln sauber bürsten, die Keimstellen herausstechen und mit der Schale (das ist der Witz dabei) fein reiben. Ein Ei mit den Kartoffeln verrühren, die Karotten und die Petersilie dazugeben. Nach Geschmack würzen – Sie können Experimente machen. Ohne Fett in der kunststoffbeschichteten Pfanne backen, eventuell den Teig mit einem Eßlöffel Milch geschmeidiger machen und so mit einem Spatel um und um kehren, daß immer wieder etwas Kruste entsteht. Sind die Kartoffeln gar, formen Sie ein Omelett daraus. Wer den Geschmack liebt und noch 30 Kalorien mit darauf geben will, bestreut das Omelett mit geriebenem Parmesan (1 gestrichener Teelöffel). Es sättigt gut und versorgt uns mit vielen Mineralien.

Wie soll nun unser Speiseplan aussehen?

Viel Eiweiß, wenig Kohlenhydrate und noch weniger Fett. Das haben Sie schon öfter gehört, und viele der Diäten mit und ohne Wundereffekt bauen darauf auf. Warum also dieses Buch? Ich habe bei meiner Abnehmerei etwas ausprobiert, was den allgemeinen Regeln widerspricht, und es hat geholfen.

Eine Reduktionskost ist ausgewogen

Wenn die Ernährungswissenschaftler Abnehmen meinen, dann sprechen sie von Reduktionskost. Das ist eine ausgewogene Ernährung, die sich aber auf 1200 oder 1500 Kalorien beschränkt. Es gibt sogar Ärzte, die das Kalorienlimit bei 1500 Kalorien ziehen und sagen: nur wer weniger als 1500 Kalorien pro Tag ißt, nimmt wirklich ab. Ich halte das für eine der vielen Verallgemeinerungen, die nirgends so viel benutzt werden wie bei Schlankheitskuren. Bei mir war das nämlich ganz, ganz anders.

Wie ich 40 Pfund verlor und mein neues Gewicht halte

Wie ich es in der Einleitung schon plastisch beschrieben habe: bei mir fing das Abnehmen im Kopf an. Ich habe mich dünn gedacht. Ich wußte, daß für mich das Essen nicht nur zum Beruf gehört, sondern zu meinem Leben wie die Zigarette zum Kettenraucher, die Flasche zum Alkoholiker. Und ich hatte keine Lust, am eigenen Leib zu erfahren, was Dr. Freyberger, Facharzt für innere Medizin und Psychosomatik, so benennt: *Die Folge von Nahrungseinschränkung können bleischwere Depressionen sein, regelrechte Entzugserscheinungen.* Ich mußte also positiv an die Abnehmerei herangehen, mit sportlichem Ehrgeiz und einem Willen zum Glück. Glücklichsein kann man lernen, und es entsteht nicht durch, sondern während der Überwindung eines Problems. Erfolgreiche Leute genießen weniger den Erfolg an sich, sondern den Weg zum Erfolg. Diese Erkenntnis kann man auch auf das Schwinden von Übergewicht anwenden.

Nicht Diät sagen – positiv abnehmen!

Ab sofort verbannte ich auch das Wort *Diät* – ich finde, es erinnert an Krankheit, Einschränkung, Geschmacklosigkeit, Fadheit, an Dinge, die man nicht besonders mag – aus meinem Wortschatz: ich wollte mich schlank schlemmen, das Abnehmen genießen, den Bauch verlieren und jünger aussehen.

Sagen Sie bitte nicht, das sind doch alles nur Sprüche. Ich bin fest davon überzeugt, daß eine einschneidende Gewichtsreduzierung nur gelingt, wenn Sie sie psychologisch anpacken. Im Anfang also steht der Glaube. Dann kommt aber gleich die Praxis.

Was man unbedingt braucht

Dieses Buch haben Sie schon. Dazu kommt eine gute Personenwaage und einige Blätter Millimeterpapier. Teilen Sie es so ein, daß links das Gewicht und unten das tägliche Datum steht: am besten für 4 Wochen. Jeden Morgen vor dem Frühstück nackt wiegen und die Kurve Ihres Gewichtes eintragen. Hängen Sie sich die Tabelle über die Waage.

Gewichtstabelle

Dann brauchen Sie eine ausführliche Kalorientabelle, am besten die »Kleine Nährwerttabelle der Deutschen Gesellschaft für Ernährung«, Umschau Verlag, in der viele Lebensmittel mit ihrer Kalorienzahl (auf 100 Gramm gerechnet) eingetragen sind, dazu ihr Eiweiß-, Fett- und Kohlenhydrategehalt, ihre Mineralstoffe und die Vitamine. Studieren Sie die Gebrauchsanweisung gut und machen Sie sich mit dem Gebrauch vertraut, denn sie wird in den nächsten Wochen und Monaten Ihr ständiges Handwerkszeug sein.

Fettabelle

Da ich sehr stark auf Fett verzichtet habe, bis ich mein eigenes Fett mobilisierte, benutzte ich noch die »Fett-Austauschtabelle für Diabetiker«, Georg Thieme Verlag, in der man feststellen kann, in wieviel Gramm Käse, Wurst, Fisch oder Fleisch (sehr genau unterteilt übrigens) 10 Gramm Fett enthalten sind. Das ist eine recht nützliche Ergänzung.

Eine Küchen- und Briefwaage ist wichtig, denn manchmal kommt es doch auf 10 Gramm mehr oder weniger an, obwohl ich Ihnen eine Reihe von Maßen, die man beim Kochen braucht, wie Eßlöffel, Joghurtbecher, Teelöffel und so weiter für häufig vorkommende Nahrungsmittel kalorisch ausgerechnet habe.

Diätwaage

Wer runde DM 89,50 investieren will (und Abnehmen ist teuer, vor allem, wenn dann nachher die Garderobe-Änderungen kommen), dem empfehle ich etwas Neues, Perfektes: die »Stube-Diät-Waage«.

Auf ihr kann man portionsweise wiegen und die Kalorien gleich ablesen. Man steckt dazu in das Sichtfenster Einsteckkarten, auf denen Fleischsorten, Fische, Brotsorten, Gemüse usw. aufgedruckt sind. Dann stellt man den Zeiger auf das zu Wiegende ein (Schellfisch, Vollkornbrot oder Pellkartoffel) und kann die Kalorien auf der Rundskala ablesen. Zeiger nach oben schieben, die Waage zeigt das Gewicht an. Genauso kann man aber auch den Kohlenhydrat-, den Fett- und Eiweißgehalt bestimmen. Das umständliche Rechnen wird von der Waage automatisch durchgeführt. Sie wurde klinisch getestet und ist für den gewissenhaften Abnehmer von großem Nutzen. (Zu beziehen von der Firma Stube, 582 Gevelsberg i. W.)

Die Stunde der Wahrheit

Bilanz ohne Selbstbetrug

Bevor Sie mit dem Abnehmen beginnen, stellen Sie genau und ohne jeden Selbstbetrug fest, was Sie denn so täglich essen. Bei mir fing das mit dem morgendlichen dickbelegten Wurstbrot an, ging über ein Fläschchen Wein oder drei halbe Bier zum Drei-Teller-Eintopf, vom Zwischen-durch-mal-ein-Praliné-Essen oder ein Cremeschnittchen zum großen Nachtessen, dem auch mal eine Brotzeit vorgelagert war, bis zum Schlummertrunk und zum Betthupferl (maximal 125 Gramm Marzipan oder eine Packung kandierter Früchte), inklusive 2 Hände voll Nüßchen oder Kartoffelchips zum Fernsehen. Vom Dessert, Obst oder Walnüssen zu zwei Gläschen Portwein, ganz zu schweigen.
Wenn Sie das alles notiert und kalorisch zusammengezählt haben, wundern Sie sich über kein Fettpolster, keinen Bauch mit Schwimmgürtel, über kein Doppelkinn mehr. Es ist viel zuviel.

Folgerung aus der Stunde der Wahrheit

Ich dachte mir: da ich nicht pausenlos und ständig zugenommen hatte, sondern mein beträchtliches Übergewicht mit leisen Schwankungen über Jahre hielt, mußte ich, wenn ich diesen Nahrungsberg auf die Hälfte reduzierte, abnehmen – und die Hälfte bedeutete bei mir etwa 2500 Kalorien.
Die gleiche Überlegung müssen Sie für sich machen. Bei Ihnen, die Sie sicher nicht alle 1 Meter 90 groß sind, werden es weniger sein, aber sicher nicht so wenig wie bei einer Reduktionsdiät. Zweite Überlegung: ich war ein starker Esser, also durfte ich mich nicht vor Mini-Portionen setzen. Meine Nahrung sollte so zusammengesetzt sein, daß Maxi-Portionen Mini-Kalorien enthielten. Hier setzte ich übrigens die Fett-Austauschtabelle ein, um möglichst viel Fett, das ja die meisten Kalorien hat, einzusparen. Überlegen Sie mal: ein halbes Pfund Butter hat 2300 Kalorien und 33 Kilo Salatgurken haben auch 2300 Kalorien!

Maxi-Portionen – Mini-Kalorien

Umstellung der Gewohnheit

Der nächste Schritt war die Überlegung: was habe ich bisher falsch gemacht? Welche Gewohnheiten sind daran schuld, daß man zuviel und falsch ißt?

Nicht von heute auf morgen Gewohnheiten ändern

Nun warne ich Sie davor, von heute auf morgen alle Gewohnheiten umkrempeln zu wollen. Das können allenfalls junge Leute, bei denen sich die Gewohnheiten noch nicht so festgefressen haben. Sie haben es sogar leicht, ein Leben lang ein richtiges Gewicht zu halten, weil sie ihre Gewohnheiten darauf einstellen können. Bei uns gesetzten Dicken ist das schwer.

Wir sind auf Frühstück, Mittagessen und Abendbrot eingeschworen. Dabei haben neueste Untersuchungen ergeben, daß Dicke immer dicker werden, je weniger Mahlzeiten sie täglich zu sich nehmen. Das heißt

Fünf ist besser als drei

also, es gibt nichts Schlimmeres als eine Mahlzeit ganz ausfallen zu lassen. Das heißt auch, daß man mehrmals am Tag kleinere Mengen essen sollte – eine Forderung, die ich einmal im »Stern« als *Fünf ist besser als drei* formuliert habe. Wichtig bei dieser Umstellung ist das Frühstück. Hier dürfen Sie gut zulangen nach dem Motto: Was Sie morgens mehr essen, sollten Sie abends einsparen! Es ist außerdem wichtig, daß Sie einen vollbeschäftigten Tag vor sich haben. Wer wenig zu tun hat, wer sich langweilt, nimmt schwerer ab.
Es gibt Forscher, die verlangen, daß man morgens 30 Prozent des täglichen Nahrungsbedarfes zu sich nimmt. Je weniger man nach 17 Uhr ißt, um so besser. Im übrigen sollten auch alle Cholesterinbelasteten (und welcher Dicke ist das nicht?) häufiger kleine Mahlzeiten essen. Der Fettgehalt des Blutspiegels wird durch die gleichmäßigere zeitliche Verteilung der Nährstoffe eher normalisiert.

Das Ende einer Sucht

Mit der Überprüfung meiner Eßgewohnheiten stellte ich fest: wo ist der Hauptkalorienbringer, und auf welche Nahrungsmittel kann ich am leichtesten verzichten.

Bei mir waren es zwei wunde Punkte (abgesehen davon, daß ich vor allem bei Eintöpfen nicht mit dem Essen aufhören konnte):

Feind Nr. 1: Fett

1. Ich aß leidenschaftlich gerne Fett. Nicht einmal als dicken Brotaufstrich oder als besonders fette Bratkartoffeln, aber Fett am Fleisch war mir besonders lieb. An Eisbeinen schätzte ich Schwarte und Fett mehr als das rote Fleisch, gebräunter Speck machte mir Salate, Saucen und Pfannkuchen besonders liebenswert, und vom Suppenfleisch konnte ich nur das Fette essen.

Feind Nr. 2: Zucker

2. Ich aß Abend für Abend im Bett Schokolade, Nougat, Marzipan oder kandierte Früchte. Und diese Sucht nach dem Süßen wurde immer schlimmer. Ich entwickelte einen wahren Heißhunger danach und schob es auf meine Nerven (*Zucker als Nervennahrung* – wie die Werbung sagt). Doch während sich nach Zuckerzufuhr bei Schlanken das Sättigungszentrum meldet und das Hungergefühl nachläßt (Ratschlag eines Arztes: *Unterdrücken Sie mit einem Zuckerstückchen das Hungergefühl!*), ist das bei Dicken nicht der Fall. Zucker macht sie noch hungriger und . . . je mehr Zucker sie essen, um so größer wird die Gier nach Süßem. Denn Fabrikzucker erzeugt Vitamin-B_1-Mangel und dieser Mangel weckt Verlangen nach Zucker, der wiederum . . . Der süße Teufelskreis ist geschlossen. Dazu kommt, daß bei Normalgewichtigen von 50 Gramm Zucker 40 Gramm in die Muskeln gelangen und Leistung erzeugen, bei Dicken aber nur 5 Gramm, der Rest setzt sich im Fettgewebe ab.

Deshalb war es klar: auf Süßigkeiten mußte ich komplett verzichten, auf Fett tat ich es fast ganz. Damit war ich kalorisch gesehen schon beinahe aus dem Schneider.

Der Psychologe nennt es Signalreiz

Umfunktionierte Naschereien

Um mich aber weiter oral zu befriedigen (wer sich laufend etwas in den Mund gesteckt hat, kann nicht von einer auf die andere Sekunde auf diese Bewegung verzichten), nahm ich statt Süßigkeiten Apfelstücke und – sie sind zwar nicht süß, ich esse sie gern, sie sind gesund und haben kaum Kalorien – Salzgurken in Dill eingelegt. Ein Stück von 100 Gramm hat 7 Kalorien. Wenn ich nun Lust auf ein Häppchen hatte, wenn ich abends im Bett einen Krimi las, dann war der mundgerecht zerteilte Apfel da – je kleiner die Stücke, desto mehr hat man davon –, oder in der Küche stand die Gurke. So fixierte ich mich und mein Essen-Wollen auf Apfel und Gurke, bis ich statt Praliné oder Marzipan Apfel dachte oder Gurke. Das geht relativ schnell und hilft ungemein. Heute brauche ich es gar nicht mehr, kann auch ruhig einmal ein Stück Schokolade essen, denn ich bin ja idealgewichtig, aber die Gier ist fort, das Essen-Müssen, der Stopf-Zwang.

Ersatz-Betthupferl

Raus aus den Mastkäfigen

Die Käfige, in denen wir uns mästen oder gemästet werden, sind der Fernsehsessel, das Auto, der Fahrstuhl – kurz alle die Annehmlichkeiten oder Möglichkeiten, die uns zur Bewegungslosigkeit verführen. Nun wird zwar immer gerne angeführt, daß ein Spaziergang von einer Stunde nur soviel Kalorien verbraucht wie ein Glas Bier, und daß man 16 Stunden Holz hacken muß, um 1 Kilo abzunehmen. Das mag rein rechnerisch gesehen stimmen, wenn man den reinen Kalorienverbrauch der Tätigkeit mit der Kalorienaufnahme vergleicht. Wir haben aber schon gelernt, daß Bewegung doch nützt. Wir wollen ja unser Fett mobilisieren, und ich finde, daß beim Abnehmen alles zählt. Selbst wenn ich mir mit einem Spaziergang 100 Kalorien mehr leisten kann, so ist das bei uns Schlemmern schon eine ganze Menge: es kann ein Dutzend Austern sein oder ein besonders großes, leckeres frisches Ei oder 2 Apfelsinen oder 2 Becher Magerjoghurt. Forscher haben festgestellt, daß das Fett jedes Mal mobilisiert wird, wenn wir unsere Position verändern, das heißt, wenn wir uns aus dem Liegen erheben. Machen wir häufig am Tag diese Übung:

Bewegung wird immer belohnt

Kleine Fett-Mobilisation

Mit dem Rücken flach auf den Boden legen, völlig entspannen, bis 10 zählen, aufstehen. Das ist alles, anschließend werden wir konzentrierter arbeiten können.

Das Scherzwort *Der einzige Mensch, der durch die Massage abnimmt, ist der Masseur* stimmt nur bedingt. Gewiß, das Fett kann man durch Massieren nicht mobilisieren, und wir können uns auch nicht schlank massieren lassen (was auch sogenannte Schlankheits-Institute immer behaupten mögen). Wir können dadurch aber den Blutkreislauf aktivieren, und das kommt dem allgemeinen Wohlbefinden zugute, was wiederum beim Abmagern äußerst wichtig ist.

Massage macht nicht schlank

Das Problem des Trinkens

Ich kann nicht behaupten, daß ich ein starker Trinker bin. Meine 2 bis 3 Halbe Bier mochte ich schon: sie bringen 500 bis 750 Kalorien. Das ist eine ganze Menge und muß unbedingt berechnet werden. Nun kann man von Bier auch satt werden, und unter den alkoholischen Getränken ist es noch das harmloseste. Meine Faustregel für Alkoholika, die Sie sich leicht merken können, sieht so aus: 0,33 Liter Bier = 1/4 Liter Wein = 1 Deziliter Portwein = ein dreifacher Weinbrand = ein doppelter Cognac oder Whisky (4 cl) = etwa 150 Kalorien.

Nun ist Alkohol für Übergewichtige reine Energie, die Fettablagerungen begünstigt. Man sollte also während der Abnehmerei auf Schnäpse ganz verzichten, bei Wein und Bier habe ich mir, damit ich den Geschmack nicht verlieren würde, einen Gespritzten gegönnt. Das heißt, halb und halb mit Mineralwasser aufgefüllt, und das schmeckt auch mit Bier ganz gut. Es ist eine Art Radlermaß ohne Limonadensüße.

Alkohol zählt leider doppelt

Und wenn Ihnen jemand erzählen will, daß Alkoholkalorien den normalen Kalorien nicht gleichgesetzt werden dürfen, daß man sie anders rechnet, dann geben Sie ihm recht. Sagen Sie ihm, während der Abmagerung muß man sie doppelt zählen, weil sie vollständig ohne Anstrengung vom Körper verwertet werden!

Lassen Sie sich auch von niemandem einreden, während der Abmagerung weniger Flüssigkeit als sonst zu sich zu nehmen. Das ist veraltet, Selbstbetrug und gefährlich. Der Körper braucht täglich sein bestimmtes Quantum Wasser (1,4 Liter durch Getränke, 1 Liter durch den Wassergehalt der Nahrung, und den Rest holt er sich aus der Verbrennung der Nährstoffe). Wenn man nun weniger Nahrung als sonst zu sich nimmt, bekommt man auch weniger Wasser zugeführt. Das muß man ersetzen. Durch Mineralwasser zum Beispiel, das zusätzlich ein hervorragender Magenfüller ohne eine einzige Kalorie ist und außerdem den Körper ausschwemmt. Was wiederum gut gegen die Harnsäure ist, die bei Übergewichtigen und beim Abmagern verstärkt entsteht.

Durch Wasser allein ist noch niemand dick geworden.

Was man alles essen darf

Man braucht sich nicht nur von Quark, Joghurt und rohen Gemüsen zu ernähren. Es gibt so viele Köstlichkeiten, die wenig Fett enthalten und dazu noch so kalorienarm sind, daß man wie ein König essen kann.

Da haben wir zunächst einmal die Eiweißträger: vom Hummer über

Eiweißreich schlemmen

Muscheln, Krabben und Austern (ein Dutzend große sind gerade 100 Kalorien) zu den Fischen wie Kabeljau, Seezunge, Seelachs, Hecht, Renke, Felchen, Forelle bis zum Wild aller Sorten, den Beefsteaks und Filets, dem Tatar, den Schnitzeln, dem übrigen Kalbfleisch und den Lammkoteletts, den Innereien wie Herz, Leber, Nieren, Bries sowie den Hähnchen- und Truthahnbrüsten. Dazu Quark, der große Helfer und Gesundmacher, den man so ungemein vielfältig zubereiten kann, Joghurt, der uns die Saucen und Salate verschönt, und Milch, auf die wir nicht verzichten sollten.
Bei den Gemüsen kann man Spargel, Artischocken, Tomaten, Chicorée, Gurken, Kopfsalat oder Spinat in fast unbegrenzten Mengen essen. Und dann die Kartoffel . . .

Kartoffeln sind doch erlaubt

Viele Leute glauben, sie täten genug der Abnehmerei, wenn sie mittags die Kartoffeln beiseite lassen. Dabei haben die Kartoffeln einen ungünstigen Verwertungssatz, das heißt, von den 96 Kalorien pro 100 Gramm kann der Körper nur 75 Prozent verarbeiten, der Rest sind Ballaststoffe, die sättigen, weil sie im Magen ein Völlegefühl hervorrufen. Und zwar ist das ein anderes Gefühl als das Füllen des Magens mit Quellmitteln ohne Nährwert, wie sie in bestimmten Schlankheitsprodukten verwendet werden. Denn Hunger- oder Sättigungsgefühl ist nicht allein von der Magenfüllung abhängig. Wer intensiv kaut, verlängert die Essenszeit und verbraucht damit wie mit der Produktion von Speichel und der Verdauung eine beträchtliche Menge von Energie, die wiederum Kalorien frißt und das Hungergefühl verzögert.
Das heißt für uns, neben magerem Fleisch, reichlich Quark und Milch (beides in der Magerstufe) und als Ballaststoffe und Kohlenhydratlieferanten Gemüse, die relativ wenig verwertbare Kalorien haben: Gurken, Sellerie, Schwarzwurzeln, Karotten und so weiter. Daß man durch intensives Kauen die Nahrung stärker verwertet als durch oberflächliches, hat nur Herr Fletcher geglaubt. Inzwischen wurde es wissenschaftlich widerlegt.

Die Feinde um uns herum

Die schlimmen Verwandten

Abnehmen wird nur dann heroisch empfunden, wenn es alle tun. Das heißt, wenn eine Modediät die Leute anspornt oder wenn es im Frühjahr zum guten Ton gehört. Ansonsten müssen Sie eine psychologische Schutzmauer um sich errichten. Nichts ist schlimmer in dieser Zeit als Freunde und Verwandte. Nicht, daß sie Ihnen behilflich sind (außer mit ziemlich dummen Ratschlägen), nein, sie wollen Sie verführen. Sie sagen *Einmal ist keinmal* und versuchen, Ihnen den Mut abzukaufen, indem sie höhnen, daß Sie es doch nicht schaffen. Oder sie versuchen,

Ihnen zungenfertig zu erklären, daß Ihr Typ eben die Fülle verlangt, daß es Unsinn sei, auf soviel Gutes zu verzichten und was es sonst noch an Sprüchen gibt. Das kommt meist daher, daß sie es selbst nicht nötig haben, nicht schaffen oder Kettenraucher sind oder andere schlechte Gewohnheiten haben, die sie nicht ablegen können. Sie beneiden oder sie fürchten Sie und Ihre Willensstärke. Ausnahmen bestätigen nur die Regel.

Achtung Neid!

Die Sache mit der Figur

Wer Ihnen erzählt, mit seiner Methode können Sie schlanke Hüften bekommen oder dünne Oberarme, der beschwindelt Sie. Wir nehmen so ab, wie wir von Natur aus gebaut sind. Nur wer eine gleichmäßige Fett-

polsterung besitzt, nimmt gleichmäßig ab, wer die Fettpolster unregelmäßig verteilt hat, verringert sie entsprechend: die Silhouette einer Figur verändert sich nicht, sie wird nur insgesamt schmaler. Warnen möchte ich hier alle weiblichen Wesen, sich schlanker machen zu wollen, als sie vom Typ her sind. Sie müssen sich ihre Pfunde abhungern, die bestimmt nicht dort weggehen, wo man sie weghaben möchte. Wer es trotzdem versucht, muß immer wieder hungern, denn der Körper kehrt zu gerne zu seinem natürlichen Erscheinungsbild zurück. Ständiges Hungern aber macht nervös, unleidlich und neurotisch, denn es ist belastend, immer verzichten, immer sich kontrollieren zu müssen. Schließlich eine ästhetische Frage von Mann zu Frau: Warum soll nur gertenschlank schön sein?

Die tollsten Tips aus der Trickkiste des Ex-Dicken

»Denk Dich dünn«

Zum Schlankwerden gehört mindestens genauso viel Psychologie wie Kalorienzählen. Das kann ich nicht oft genug betonen. Deshalb heißt mein Motto »Denk dich dünn«, und hier sind einige Hilfen dazu.

1. Die Einstellung zum Schlankwerden ist wichtig. Wenn sie überlebensnotwendig ist – der Arzt zwingt Sie dazu oder Ihr Mann, weil er andere, schlanke Frauen attraktiver findet –, dann geht es viel leichter, als wenn es nur die Mode verlangt. Versuchen Sie, einen wichtigen Grund zu finden: Zum Beispiel, daß Sie wieder attraktiv werden oder länger leben wollen oder daß Sie nicht in ein paar Jahren zuckerkrank sein möchten.

2. Verwechseln Sie nicht »gerne essen« mit »falsch essen«. Auch schlank kann man gerne essen. Ja, ich behaupte sogar, wenn Sie sich über die Fehler innerhalb Ihrer Ernährung im klaren sind, werden Sie bewußter und damit genüßlicher essen. Wer nur in sich hineinstopft, weiß bald das gute Essen nicht mehr richtig zu schätzen. Doch Qualität geht vor Quantität!

3. Schlankwerden und Schlankbleiben heißt nicht, ein Leben lang asketisch zu sein. Das Wort »niemals« ist dumm und irreal. Auch Schlanke essen mal Marzipan oder ein Nußhörnchen oder ein Eisbein. Sie essen es aber überlegt und nicht jeden Tag. Und nicht zusätzlich zu vielem anderem.

4. Vieles beim Essen ist Gewohnheit, und die kann man sich, wie schon das Wort sagt, »abgewöhnen«. In der Praxis bedeutet das, man denkt

Finden Sie neue Vorlieben

sich allmählich eine Angewohnheit oder gar eine Vorliebe einfach weg. »Vergessen« Sie, Zucker in den Kaffee oder Tee zu tun, »vergessen« Sie, zum Fernsehen etwas zu knabbern, »vergessen« Sie das Betthupferl aus Schokolade und »vergessen« Sie, den Lift zu benutzen oder für kurze Strecken das Auto. Denken Sie daran: 2 Pralinen täglich gegessen ergeben in einem Jahr 5 Kilo Gewicht plus. 2 Kilometer täglich gegangen ergeben in einem Jahr 5 Kilo Gewicht minus.

5. Fahren Sie Rad, laufen Sie, schwimmen Sie, steigen Sie Treppen. Und wenn es nur dazu dient, täglich zwei Pralinen ohne Gewichtszunahme essen zu können. Setzen Sie bewußt Bewegung für Leckerbissen ein.

6. Versuchen Sie, sich eine Bewegung abzugewöhnen: die mit der Hand zum Mund. Es wird Ihnen gelingen, wenn Sie Ihre Seele manipulieren, daß Sie kein Fresser mehr sind. Es muß Ihnen gelingen, die Bewegung der Hand zum Mund in eine andere Tätigkeit umzumünzen.

7. Langeweile ist der größte Feind aller Abnehmerei. Beschäftigen Sie sich mit etwas anderem, damit Sie sich nicht mit dem Essen beschäftigen. Legen Sie sich ein neues Hobby zu oder arbeiten Sie. Ich habe die beste Erfahrung damit gemacht, meine Schlankwerdung in die Zeit stärkster beruflicher Anspannung zu legen. Da hatte ich gar keine Zeit, an meine Enthaltsamkeit zu denken.

8. Einsamkeit ist der zweitgrößte Feind des Abnehmens. Wer allein ist, tröstet sich gerne mit Essen. Eine gute Unterhaltung bei Tisch dagegen läßt einen sich genauso wohl fühlen wie mit vielen Kalorien beladen.

9. Entdecken Sie nicht nur Verbote auf der Kalorienkarte, sondern auch freudige Überraschungen. Daß zum Beispiel ein Dutzend Austern nur 100 Kalorien hat oder ein Kilo Spargel nur 150.

10. Denken Sie daran, daß für Dicke das Abnehmen leichter ist als für Rundliche oder Mollige. 3 bis 4 verlorene Kilo merkt nur ein geschultes Auge, erst 10 Kilo und mehr kann man sehen. Setzen Sie trotzdem Ihre Tagesportion nicht zu klein an: wer hungert, bei dem kommen nicht als erstes die Knochen, sondern die Nerven zum Vorschein.

Hilfreiche Mode

11. Versuchen Sie, zwischendurch ein Kleid oder eine Hose anzuziehen, die Ihnen vor Beginn der Abmagerei zu eng waren. Die Optik verhilft Ihnen noch mehr zum Glücksgefühl als der Zeiger der Waage. Machen Sie auch einen Modebummel: die Auswahl wird größer und vor allem

verlockender, sobald man die nächstkleinere Konfektions- oder Kragengröße tragen kann.

Kleine Opfer – gutes Gewissen

12. Merken Sie sich diesen Satz: Ein überfüllter Magen löst keinen seelischen Konflikt. Er schafft nur ein schlechtes Gewissen. Und denken Sie immer daran: Wenn Sie abnehmen wollen, müssen Sie Opfer bringen. Wenn Sie abgenommen haben, können Sie genauso viel essen wie jeder normalgewichtige Mensch.

Wie man Versuchungen vermeidet

1. Wenn Sie beim Anrichten kleinere Teller als normal nehmen, erscheinen Ihnen die Portionen extra groß. Auch ein Servierbrett mit allem darauf, was Ihnen zu einer Mahlzeit erlaubt ist, sieht nach viel mehr aus.
2. Bewahren Sie nie fertig gekochtes Essen, Würste oder sonstige Nasch-Vorräte in Ihrem Kühlschrank auf. Räumen Sie die Wohnung von allem, was Sie in Versuchung führen könnte: von Schokolade bis zu fettem Käse oder Erdnüssen.
3. Verbringen Sie Ihre Abende nicht allein: sie sind die schwerste Zeit des Tages, und ein interessantes Thema läßt oft den knurrenden Magen vergessen.
4. Am Wochenende, wenn Sie den ganzen Tag zu Hause sind, ist die Versuchung besonders groß (das gilt für Hausfrauen jeden Tag). Auch hier gilt es, alles, wofür man anfällig ist, wegzusperren. Dafür darf eine große Schüssel mit Obst herumstehen, doch möglichst keine Bananen, Weintrauben oder Kirschen. Ein weiteres Experiment läßt sich gut am Wochenende durchführen: in Versuchen haben Ernährungswissenschaftler in der Tschechoslowakei festgestellt, daß die gleiche Kalorienmenge auf 5 bis 7 Mahlzeiten über den Tag verteilt weniger anschlägt, als in 3 Mahlzeiten gegessen. Versuchen wir es also mit 7 oder 5 Mahlzeiten.

Obst gegen Versuchungen

5. Benutzen Sie den Fernsehsessel nicht als Mastkäfig. Ernährungsfachleute haben ausgerechnet, daß an einem Fernsehabend pro Zuschauer rund 500 Kalorien verknabbert werden. Je spannender der Abend, um so mehr Kalorien. Bekämpfen Sie die Fernsehmast mit Obst oder Gewürzgurken.
6. Ob Sie Fleisch oder Tomaten schneiden, Brot oder Käse – schneiden Sie alles sehr dünn. Es sieht nach mehr aus.
7. Haben Sie keine Angst vor Süßstoff. Für uns Erwachsene sind 6 oder 8 Tabletten am Tag bestimmt ungefährlicher als 3 oder 4 Kilo Übergewicht. Und Zucker ist nun mal eine Kalorienbombe und eine gefährliche dazu.

1 Eigelb ist genug

8. Wenn Sie Eier verwenden, so mogeln Sie immer zu einem ganzen Ei ein zusätzliches Eiweiß. Sie sparen damit 70 Kalorien, die das Eigelb enthält.

9. Verzichten Sie beim Dünsten von Gemüse lieber auf jedes Fett und geben etwas Öl oder Margarine oder auch Butter zum Schluß frisch und kühl darüber. Das ist gesünder und wirkt und schmeckt, als hätten Sie viel mehr Fett als in Wirklichkeit verwendet.

10. Reste sind eine große Gefahr. Gießen Sie die Rahmsauce fort, die die Familie übrig ließ. »Nur nichts verkommen lassen«, dieser Satz hat schon manches Kilo Übergewicht gebracht.

11. Sind Sie eingeladen, dann essen Sie wenig, aber so, daß es der Gastgeber möglichst nicht merkt. Lernen Sie es, fette Saucen oder Mayonnaisen zu übersehen oder verschwinden zu lassen (Salatblätter eignen sich gut als Tarnung). Reden Sie aber nicht von Ihrer Diät. Denn Nicht-Diätlinge pflegen gerne (aus schlechtem Gewissen?) Abmagerer verführen zu wollen. Der Satz: »Einmal ist keinmal« ist gefährlich.

12. Müssen Sie in der Kantine essen, dann nehmen Sie nur die halbe Portion. Kantinenessen ist meist zu fett und zu kalorienreich. In Lokalen können Sie Gegrilltes wählen. Und wenn Sie den Salat nach eigenen Angaben anmachen lassen, bekommen Sie auch noch den Ruf eines Feinschmeckers.

Salat nach Ihren Wünschen

Erste Hilfe gegen Hunger

1. Wenn man so richtig ausgehungert ist, dann soll man ganz langsam und genüßlich ein hartes Ei essen. Es sättigt ungemein und enthält noch reichlich Eiweiß.
2. Wer langsam ißt, hat mehr davon. Der Appetitregler im Gehirn weiß dann besser, wann man satt ist. Hastig essen hält hungrig.
3. Wenn Sie Hunger bekommen, greifen Sie zu einem Apfel. Er hat zwar auch Kalorien (ein Durchschnittsapfel von mehr als 100 Gramm = 65), macht aber ausgezeichnet satt. Bevorzugen Sie bißfeste und Vitamin-C-reiche Sorten (Ontario, Freiherr von Berlepsch, Weißer Klarapfel), denn sie muß man kräftig kauen. Das befriedigt orale Lustgefühle – wie die Psychologen sagen –, und Kauen ist nun mal eine Lieblingsbeschäftigung der Gern-Esser.
4. Wenn Sie mal keine Lust auf einen Apfel haben, dann essen Sie eine Salzgurke. Ist sie 100 Gramm schwer, hat sie nur 7 Kalorien. Dazu ist sie ungemein gesund, beruhigt den Magen und ist herzhaft. Und nichts ist schlimmer als fades Essen bei einer Abmagerungsaktion.
5. Weitere Hungerstiller sind rohes Sauerkraut, Salatgurken, geraspelter Sellerie, Brunnenkresse oder rote Bete. 100 Gramm Sauerkraut haben knapp 20 Kalorien! Essen Sie wie Bunny, der Comic-Hase, rohe Karotten oder rohe, geputzte und hauchdünn geschnittene Champignons. Verwahren Sie diese Häppchen in Plastikbeuteln fixfertig im Kühlschrank, so daß Sie jederzeit »naschen« können. Pralinen müssen Sie ja auch nicht erst zubereiten.
6. Stellen Sie einige Flaschen Mineralwasser in Ihren Kühlschrank. Es füllt Ihren Magen, wenn Sie vor dem Essen irrsinnigen Hunger haben. Trinken Sie im übrigen nicht zum Essen, sondern vorher. Wer mit vollem oder halbvollem Mund trinkt, spült Halbgekautes hinunter und ist geneigt, mehr zu essen.
7. Das Trinken von Mineralwasser, von Tee, Kaffee oder Kräutertee ist unbeschränkt erlaubt. Verbote von Flüssigkeit sind bei Abmagerungskuren zusätzliche Schikane, nur um durch Austrocknung und Wasserverlust ein Kilo zu erschwindeln. Flüssigkeit ist das Transportsystem bei der Ausschwemmung des Körpers und bei der Fett-Mobilisation. Ein Freund von mir, dem der Arzt Abnehmen und mindestens $2^1/_2$ Liter Fachinger pro Tag verordnet hatte, nahm stetig und schnell ab, ohne Hungergefühle zu haben. Flüssigkeitseinschränkung kann sogar gefährlich werden. Im übrigen brauchen Sie, wenn Sie nicht schwer herzkrank sind, auch das Salz nicht einzuschränken.
8. Eine Tasse entfettete Consommé oder Instant-Brühe, mit wenig Curry gewürzt, kostet Sie so gut wie keine Kalorien und gibt doch ein gewisses Sättigungsgefühl.
9. Sollten Sie plötzlich Hunger verspüren, dann essen Sie einen Teelöf-

fel Honig. Da er gleich ins Blut geht, erhöht er den Zuckerspiegel und überlistet damit Ihr Hungergefühl. Denn sinkender Blutzucker signalisiert »Hunger« zum Gehirn.

10. Fleischspieße lassen ein kleines Stück Fleisch als »mehr« erscheinen. Marinieren Sie die Würfel vorher in Zitronensaft, Essig oder Kräutermischungen.

11. Bei Einladungen, zum Fernsehen oder sonst, können Sie die doppelte Menge trinken, wenn Sie Wein oder Bier mit Mineralwasser verlängern. Das schmeckt gut, erfrischt und erweckt die Vorstellung, man trinke soviel wie immer.

12. Experimentieren Sie mit Kräutern und Gewürzen. Erfinden Sie neue Kombinationen. Hüten Sie sich nur vor sehr scharfen Sachen, denn scharf regt den Magen an und macht hungrig. Machen Sie Kräuter-Experimente vor allem mit Magerquark, den Sie öfter anstatt eines Steaks essen. 200 Gramm Magerquark enthalten genauso viel Eiweiß wie ein 200-Gramm-Steak, aber rund 100 Kalorien weniger.

13. Lernen Sie die Unterschiede kennen zwischen einem Becher Mager-Joghurt und Sahne-Joghurt (80 Kalorien), zwischen einer Scheibe Knäckebrot mit Lachsschinken und einem Brötchen mit Teewurst (bei gleicher Aufschnittmenge 220 Kalorien), zwischen 100 Gramm Mager-Schinkenjagdwurst und normaler (187 Kalorien) und zwischen einer 150-Gramm-Forelle blau und einem gleich schweren Bismarckhering (165 Kalorien) und entscheiden Sie sich dann immer für das kalorienärmere.

14. Essen Sie große Mengen Salat, den Sie mit 2 Teelöffeln (5 Gramm) kaltgepreßtem hochwertigem Öl, Essig und Kräutern frisch anmachen. Wollen Sie auch hier aufs Öl verzichten, dann lassen Sie den Salat in einer Essig-Kräuter-gekörnte-Brühe-Joghurt-Marinade mindestens 15 Minuten ziehen. Das ist zwar gegen alle Grünen-Salat-Regeln, aber ohne Öl schmeckt er knackfrisch doch zu sehr nach Wiese.

15. Suchen Sie die Speisen auch nach ihrem Sättigungswert aus: Fleisch hat einen sehr hohen, Quark ebenfalls. Vollkornbrot sättigt mehr als die gleiche Menge Toastbrot, das geröstet noch weniger sättigt. Harte Eier haben einen höheren Sättigungswert als weichgekochte, aber den gleichen wie Spiegel- oder Rühreier. Den geringsten haben die Eier roh. Rohe Gemüse dagegen sättigen mehr als gedünstete. Wer aber kein Rohkostfreund ist, lasse die Gemüse nicht zu weich dünsten, damit sie noch einen Biß haben.

Die kleinen Belohnungen

Sie brauchen ein Sparschwein

Trotz Abmagerung und Schlankheitskampf darf man sich die Freude am Essen nicht nehmen lassen. Machen Sie aus Ihrer Abmagerung ein Fest. Erfinden Sie Belohnungen von einem Theaterbesuch bis zu einer geliebten Schallplatte, von einem Schaltuch bis zum Essen eines halben Hummers (120 Kalorien). Gönnen Sie sich mal ein Glas Wein oder werfen Sie für jede verlorenen 100 Gramm eine Mark in ein Sparschwein. Das sind bei 5 Kilo 50 Mark. Laden Sie zu Ihren ersten verlorenen 5 Kilo Ihre Freunde ein und bewirten Sie sie mit einer Mahlzeit, mit der Sie gleich beweisen können, wie köstlich so ein 500-Kalorien-Menü sein kann.

Machen Sie sich während Ihrer Abmagerei besser zurecht als sonst. Ziehen Sie sich besonders gepflegt an, gehen Sie zur Kosmetikerin, lassen Sie sich massieren.

Kaufen Sie impulsiv und wählerisch, aber nicht Kekse, Pralinen oder Mayonnaisesalate, sondern köstliche Früchte, Langustenschwänze oder den ersten Spargel.

Lassen Sie sich zu einem Grill-Fest einladen oder veranstalten Sie selbst eines. Steaks oder Lammkoteletts über Holzkohlenglut gegrillt sind für Sie genau das Richtige.

Versuchen Sie immer und zu allen Gelegenheiten, das Beste aus dem Magerwerden zu machen. Ich versichere Ihnen, das Gefühl, wieder schlank zu sein, ist großartig. Dafür lohnt es sich durchzuhalten.

Meine Rezepte, die Ihnen eigentlich nur Wege und Möglichkeiten zeigen sollen, werden Ihnen beweisen, daß Abmagern nicht gleich Hungern und nicht gleich fade Diät ist.

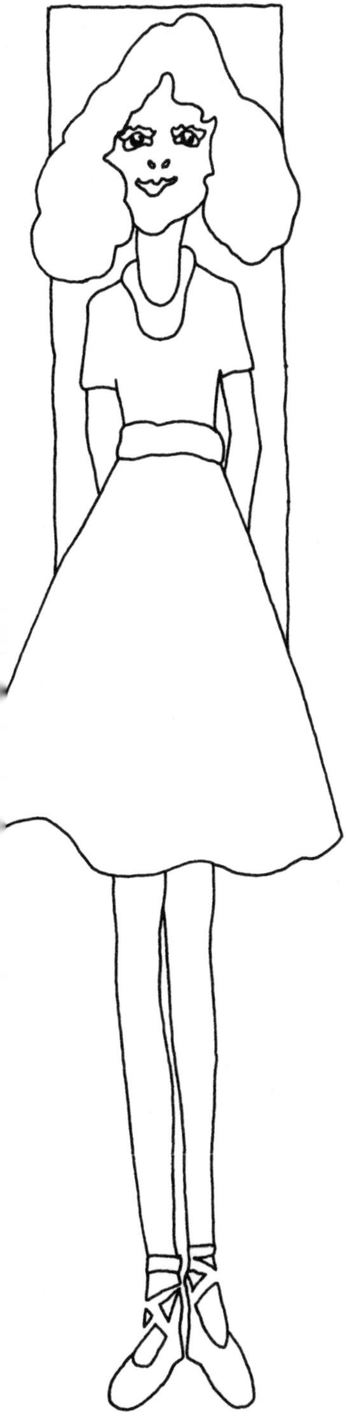

Der richtige Schlankheitsfahrplan

1. Wir stellen uns zum Abnehmen positiv ein und versuchen das Beste daraus zu machen. Wir wollen den Erfolg von jedem verlorenen Pfund genießen.

2. Wir schaffen uns eine Kalorientabelle und eine Waage an und lernen, damit umzugehen.

3. Wir stellen fest, wieviel wir bisher gegessen haben, woher unser Übergewicht kommt, und rechnen uns aus, wieviel wir in welcher Zeit abnehmen wollen.

4. Wir versuchen, unsere Eßgewohnheiten zu ändern, denn nur aus der Änderung kann Neues kommen. Wir versuchen, keine Frühstücksmuffel zu sein und am Abend möglichst wenig zu essen. Für die Mahlzeitenfrequenz prägen wir uns den Satz ein: Fünf ist besser als drei!

5. Wir stellen fest, auf welche Nahrungsmittel wir am leichtesten verzichten können, auf welche wir verzichten müssen, und beschließen: wenig Fett zu essen (und das nur in der Form von hochwertigen Pflanzenölen und Diät-Margarinen), reichlich Gemüse und mageres Fleisch, Fisch und Quark, keine Süßigkeiten und keinen Alkohol. Wir essen auch nichts mehr gedankenlos und ganz nebenbei. Wenn wir essen, dann essen wir bewußt und mit Genuß.

6. Wir suchen uns kalorienarme Schmankerl als Häppchen zwischendurch. Das können Apfelstücke, Erdbeeren oder Salzgurken sein.

7. Wir verschaffen uns mehr Bewegung und machen täglich dreimal die Übung der »Kleinen Fett-Mobilisation«. Auch isometrische Übungen sind von Nutzen. Wer sich bewegt, darf nämlich etwas mehr essen.

8. Wir schränken unseren Flüssigkeitsbedarf nicht ein: Mineralwasser gehört mit zum Abnahmeprogramm.

9. Wir essen viel Gemüse mit Ballaststoffen. Eine große Schüssel Salat oder 6 Tomaten oder 2 Pfund Spargel können auch satt machen. Wir kauen gründlich und essen langsam, ganz langsam. Wer schlingt, hat so wenig vom Geschmack.

10. Wir schirmen uns psychologisch ab und entwickeln eine Gegenpropaganda gegen alle, die uns das Abnehmen vermiesen wollen. Benutzen Sie dabei kleine schmutzige Tricks wie *Wer viel frißt, stirbt früher!* Man kann Bauchträger erschrecken!

11. Wir sind stolz auf jedes verlorene Gramm und verlieren nicht den Mut, wenn sich das Gewicht mal nicht nach unten bewegt. Essen Sie dann ein bißchen weniger, vielleicht hat Ihre Berechnung nicht ganz gestimmt. Denn wer leichter wird, braucht noch weniger zu essen.

Und danach?

Haben Sie Ihr Zielgewicht erreicht, dann müssen Sie ausprobieren, wie Sie es halten können. Wie ich es mache, können Sie am Schluß dieses Buches lesen.
Jetzt aber wollen wir zu den Rezepten kommen und den vielen Tips und Tricks und Möglichkeiten, die uns das Abnehmen so leicht machen.

Das Mini-Kalorien-Rezept-Reservoir

In unserer Rezeptsammlung wird bewußt auf die Zusammenstellung von Tages-Küchenzetteln verzichtet. Sie finden eigentlich alles, was Sie für die individuelle Gestaltung Ihrer Abnehmerei brauchen, in den verschiedenen Kapiteln. Und da ich Ihnen keine Diät oder Kur verkaufen will, sondern hoffe, daß Sie jetzt verstehen, was abnehmen heißt und wie man es macht, brauchen Sie keine Tagespläne. Die finden Sie in genügend anderen Büchern.
Bauen Sie sich das zusammen, was für Sie ganz speziell paßt, denn Abnehmen ist Maßarbeit und keine Konfektion.
Fangen wir mit einem Kapitel an, das eigentlich in ein Dickmacher-Kochbuch gehört, weil man glaubt, daß sie dick machen: die Saucen. Zugegeben, die deutsche Familien-Einheits-Normal-Sauce ist fett und kohlenhydratreich, und die Saucen der klassischen Küche haben es ebenfalls in sich. Es gibt aber auch schlanke Saucen.

Die Kunst, kalorienarme Saucen zuzubereiten

Gegrilltes Fleisch ist etwas Feines, wenn man es aber zwei Wochen lang jeden Tag hintereinander ißt, möchte man endlich mal wieder ein Gulasch essen oder ein Ragout. Hier ist der Weg dazu.

35
Kalorien
pro Portion

Magermachers Fleischsauce 4 Portionen

1/2 Joghurtbecher voll Streuwürzenbrühe (= 1 Teelöffel Streuwürze in heißem Wasser aufgelöst)
1 Messerspitze Edelsüßpaprika
1 flacher Teelöffel Diätmehl aus dem Reformhaus
1/2 Becher Mager-Joghurt

Die erkaltete Streuwürzenbrühe mit Paprika und Diätmehl im Schüttelbecher mischen und den Joghurt darunter quirlen. Mit Fleisch noch 5 Minuten köcheln lassen.

Diese Sauce bringt kaum zusätzliche Kalorien und erlaubt, nicht nur gegrilltes oder gedämpftes, saucenloses Fleisch zu essen. Sie schmeckt nämlich vorzüglich.
Mit dieser Joghurtsauce kann zum Beispiel folgendes serviert werden: 500 g Kalbsgulasch (Brust oder Keule) oder Putenbrust, die in einer kunststoffbeschichteten Pfanne mit 1 Teelöffel Öl angebraten, mit wenig Wasser gargeschmort und zuletzt 5 Minuten in der Joghurtsauce abgerundet werden.

Eine kalte Sauce für Spargel oder für Broccoli ist dieser

100
Kalorien

Knoblauch-Dip 1 Portion

100 g Magerquark · 3 Eßlöffel Mager-Joghurt · Salz · Pfeffer
1/2 Knoblauchzehe · 1 Teelöffel gehackter Schnittlauch · Saft 1/2 Zitrone

Den Quark mit dem Joghurt, den Gewürzen, der gepreßten Knoblauchzehe, dem Schnittlauch und Zitronensaft zu einer Creme rühren. Den gekochten Spargel Stange für Stange hineinstippen oder die Dip-Sauce über den warmen oder abgekühlten Broccoli gießen. Sie können diese Sauce auch mit einer großen Artischocke (90 Kalorien) auflöffeln.

Für gegrillte Steaks oder Hammelkoteletts empfehle ich diese beiden Saucen:

45
Kalorien
pro Portion

Schlanke Pfefferminzsauce 2 Portionen

1 Tablette Süßstoff · 2 Eßlöffel Weinessig
2 Eßlöffel gehackte Minze (oder 1 Teelöffel getrocknete)
1 Teelöffel Senf · etwas abgeriebene Zitronenschale
3 Tropfen Worcestershiresauce oder Fleischwürze
2 Eßlöffel Weißwein

Den Süßstoff im Essig lösen, alle anderen Zutaten dazurühren und in einem Töpfchen gerade zum Aufkochen bringen. Heiß zum Fleisch servieren.
Die Menge reicht für 2 Steaks zu je 125 Gramm.

55
Kalorien

Senf-Orangen-Sauce 1 Portion

2 Eßlöffel Senf · 5 Eßlöffel Orangensaft

Den Senf mit dem Orangensaft gut verrühren und dabei warm, aber nicht heiß werden lassen. Die Sauce kann aber auch kalt serviert werden.

75
Kalorien

Senf-Sauce 1 Portion

1 Zwiebel · 5 Eßlöffel Wasser · 3 Eßlöffel Weißwein
$^1/_2$ Teelöffel Zitronensaft · 4 Eßlöffel geriebener Sellerie
1 Eßlöffel mittelscharfer Senf

Die Zwiebel fein hacken und mit 3 Eßlöffeln Wasser langsam weich dämpfen. Ist das Wasser fast verkocht, das restliche Wasser und den Wein dazugeben, mit Zitronensaft würzen und den Sellerie einrühren. Die Sauce 2 bis 3 Minuten kochen lassen, dann vom Herd nehmen und den Senf mit einem Schneebesen kräftig unterrühren. Durch ein Sieb direkt auf gekochten Fisch, gekochtes Fleisch oder verlorene Eier passieren.

110
Kalorien
zusammen

Tomatensauce 4 Portionen

500 g reife Tomaten · 1 Deziliter (= 100 g) Wasser
1 kleingeschnittene Zwiebel · $^1/_2$ Knoblauchzehe · 1 Lorbeerblatt
1 Teelöffel gehacktes Basilikum · Salz und Pfeffer nach Geschmack

Die Tomaten in Scheiben schneiden, mit dem Wasser auf den Herd setzen, die Zwiebelwürfel, die Knoblauchzehe und das Lorbeerblatt dazugeben und kochen lassen, bis die Zwiebelwürfel weich und die

Tomaten zerfallen sind. Durch ein Sieb passieren, mit Basilikum, Salz und Pfeffer würzen.
Diese Sauce kann man auch für das Familienessen verwenden. Die anderen werden gar nicht merken, daß sie völlig ohne Fett gekocht wurde. Geschmack hervorragend.

85
Kalorien

Curry-Sauce 1 Portion

1 feingehackte Zwiebel
4 Eßlöffel klare Fleischsuppe (aus einem Würfel)
4 gehackte frische Champignons · 1/2 geschälter und gewürfelter Apfel
1 Eßlöffel Zitronensaft · 2 Teelöffel Curry
etwas abgeriebene Zitronenschale · 3 Eßlöffel Milch
zur Bindung 1 Teelöffel Nestargel
(Nehmen Sie zum Binden 1 Eigelb, rechnen Sie rund 70 Kalorien dazu.)

Die Zwiebel in der Brühe weich dünsten. Die Champignons und die Apfelstücke dazugeben, einige Minuten leise kochen lassen und durch ein Sieb in einen anderen Topf passieren. Mit dem in Zitronensaft angerührten Curry würzen, die Zitronenschale zugeben und einkochen lassen. Die Sauce mit Milch und darin angerührtem Nestargel (oder Eigelb) binden, bis zum Aufkochen bringen und servieren.
Sehr gut zu gedünsteten Hähnchenbrüsten.

Sie können sich sogar einmal zu Spargeln oder Artischocken eine (fast) echte Hollandaise leisten, wenn Sie sie so machen:

262
Kalorien
zusammen

Schlanke Hollandaise 2 Portionen

3 Eier, in Eiweiß und Eigelb getrennt · 1 Joghurtbecher (= 175 g)
voll klare Fleisch-Brühe oder Spargelwasser · etwas Salz

Das Eiweiß steif schlagen und mit den Eigelben mischen. Die warme Brühe mit dem Schneebesen unter die Eimasse ziehen und im Wasserbad so lange unter Schlagen erhitzen, bis eine sämige Sauce entstanden ist. Plus 3 Pfund Spargel: 1 Portion = 245 Kalorien.
Machen Sie die Sauce aus nur 1 Ei, dann kommen Sie auf 90 Kalorien. Zusammen mit einem kleinen Blumenkohl eine Mahlzeit von gerade 200 Kalorien.

10
Kalorien
pro Eßlöffel

Mini-Kalorien-Sauerrahm

250 g Cottage Cheese (Jocca oder Hüttenkäse)
1 knapper Joghurtbecher Buttermilch · etwas Salz
Ergibt etwa 2 Joghurtbecher voll

In einem Mixer (oder Rührgerät) den Käse und die leicht gesalzene Buttermilch so lange schlagen, bis die Masse weich und sahnig geworden ist.
Gut zu Salat, zu Krabben, Langustinos oder zu jungen Pellkartoffeln (200 Gramm Kartoffeln = 160 Kalorien). Dann aber den Dill nicht vergessen.

Mein Tip:
Fertigsaucen

Zwischenbemerkung zu »Fertigsaucen«: Wenn wir uns die gängigen Fertigsaucen auf ihre Kalorienwerte hin anschauen, dann schneiden sie gegenüber den selbstfabrizierten Normalsaucen gut ab. Kochen Sie also im Familienverband, verwenden Sie Fertigsaucen nach Vorschrift. Der Abnehmer kann für sich löffelweise dosieren.
Hier die Kalorienzahlen für einige gängige Fertigsaucen:

	1/4 Liter	2 Eßlöffel
Delikateß-Bratensauce	106	14
Kräutersauce	124	15
Gulaschsauce	138	17
Jägersauce	140	17
Tomatensauce	162	20
Helle Sauce	171	22

Gehen wir zu den Salatsaucen über.
Gayelord Hauser empfahl in seiner »Bleibe-jung-lebe-länger-Diät« als schlanke, das heißt fettlose Saucen Orangen-, Ananas- oder Grapefruitsaft, mit etwas Salz und 1 Teelöffel Honig gewürzt. Das sind bei 100 Gramm (oder 1 Deziliter) Saft plus Honig zwischen 66 (Grapefruit) und 80 (Orange oder Ananas) Kalorien. Roh geraspelter Sellerie, Karotten, Weißkraut oder (und) Äpfel schmecken damit angemacht ausgezeichnet. Man sollte den Salat aber mindestens 15 Minuten ziehen lassen.

Folgende Salatmarinaden sind jeweils für eine Person berechnet:

25
Kalorien

Französische Salatsauce 1 Portion

Süßstoff nach Geschmack · 1 Eßlöffel Weinessig
1 Teelöffel Distel- oder Slim-Öl · 1 Messerspitze Salz · Prise Pfeffer
Prise getrockneter Estragon · 1 Hauch Knoblauch

Den Süßstoff im Essig lösen. Die Schüssel mit dem Knoblauch ausreiben. Alle Zutaten mit dem gesüßten Essig und mit dem Salat gut mischen.

20
Kalorien

Buttermilch-Dressing nach Bircher-Benner 1 Portion

3 Eßlöffel Buttermilch · einige Tropfen Zitronensaft · etwas Zwiebelsaft
1 Teelöffel frische gehackte (oder 1 Messerspitze getrocknete) Kräuter

Alle Zutaten mit dem Schneebesen gut mischen.

40
Kalorien

Feiner Joghurt-Dressing 1 Portion

3 Eßlöffel Mager-Joghurt · 1 Teelöffel Distel- oder Sonnenblumenöl
1 Teelöffel Zitronensaft · Salz · Pfeffer
1 Eßlöffel gehackte Kräuter, die Hälfte davon Schnittlauch

Alle Zutaten gut miteinander verquirlen und den Salat gründlich damit anmachen. Variante: den trockenen Salat zuerst mit dem Öl mischen, dann erst den gewürzten und abgeschmeckten Joghurt darübergeben.

30
Kalorien

Gewürzte Salatsauce 1 Portion

1 Teelöffel Distel- oder Sonnenblumenöl · 1 Eßlöffel Weinessig
1 Teelöffel Senf · 1 Teelöffel Tomatenmark
1 Teelöffel gehackter Schnittlauch · etwas Salz · etwas Süßstoff

Süßstoff in Essig auflösen, alle Zutaten gründlich miteinander verrühren.

5
Kalorien
pro Eßlöffel

Rote Salatsauce

1 gekochte rote Bete · $^1/_8$ Liter Weinessig · 50 g Meerrettich

Die geraffelte rote Bete mit dem Essig übergießen und 2 Stunden ziehen lassen. Den Essig abgießen, mit dem Meerrettich mischen und löffelweise an Salat (vornehmlich aus gekochtem Gemüse) geben. Den Salat dann erst salzen und pfeffern. Die Sauce hält sich eine Woche im Kühlschrank und eignet sich auch als Beigabe zu Fleisch.

5
Kalorien
pro Eßlöffel

Feine Kräuter-Salatsauce

1 Joghurtbecher Buttermilch · je 1 Teelöffel gehackter Kerbel Schnittlauch · Estragon und Kresse · Salz und Senf nach Geschmack
Gesamt etwa 15 Eßlöffel

Die Zutaten gründlich verquirlen und vor dem Salat-Anmachen mindestens 1/2 Stunde kalt stellen.

80
Kalorien

Kartoffelsalatsauce Slim line

1 Mager-Joghurt · Saft 1/2 Zitrone · 1/2 Teelöffel Senf · Salz · Pfeffer etwas Majoranpulver · 1/2 Teelöffel gehackte Petersilie
1 Teelöffel gehackter Schnittlauch
Menge = 80 Kalorien (reicht für 200 g geschnittene, lauwarme Pellkartoffeln = 160 Kalorien)

Den Joghurt mit Zitronensaft, Pfeffer, Salz, Majoran und Senf zu einer Sauce verrühren, mit den lauwarmen Kartoffeln mischen und mit den Kräutern bestreuen.

7
Kalorien
pro Eßlöffel

Fruchtsalatsauce

1/2 Joghurtbecher ungesüßter Orangensaft · 3 Eßlöffel Zitronensaft
1 Prise Salz · 1 Messerspitze Edelsüßpaprika · etwas Zimt

Die Zutaten in einen Mixbecher geben, gut schütteln und 1/2 Stunde in den Kühlschrank stellen. Die Sauce vor dem Anmachen des Salates nochmals gut durchschütteln.

Damit müßten Sie von der Saucenseite her jede Abmagerung abwechslungsreich durchstehen können.

Schauen wir uns nun an, wie man das Abmagern in den Familienbetrieb einbaut.

Familien-Mahlzeiten, auch für Abnehmer

Wenn auch die Berufstätigen jammern, daß es für sie so schwer ist, eine Abmagerungskur durchzuführen, die abnehmende Hausfrau hat es noch schwerer. Sie soll sich an eine bestimmte Kalorienmenge halten, muß aber dabei für die Familie kochen und so viele Vorräte im Haus haben, daß der Kühlschrank immer voller Versuchungen ist.
Außerdem muß sie beim Kochen abschmecken und darf diese Kostproben beim Kalorienzählen nicht vergessen. Ich würde sie etwa mit 100 Kalorien pro Tag beziffern.
Da die Versuchungen so groß sind, sollte sich die Hausfrau eine nicht zu geringe tägliche Menge diktieren. Diese sollte, je nach Höhe des Übergewichts, nach Größe, Arbeitsanfall und anderen individuellen Gesichtspunkten nicht unter 1200 Kalorien liegen. Lieber etwas langsamer abnehmen als vorzeitig schwach werden. Auf keinen Fall aber hungern, das steht niemand durch. Außerdem die Familienmitglieder bitten, Sie weder lobend noch tadelnd auf das Magern anzusprechen, am besten es zu ignorieren.
Wichtig ist ein großer Vorrat an kalorienarmen Häppchen, wie ich sie auf Seite 78 beschrieben habe. Diese kann man im Kühlschrank lagern und dabei immer das Gefühl haben, Köstliches naschen zu können. Im übrigen können Sie während Ihrer Abmagerei Ihrer Familie Gutes tun, indem Sie ihr wenig Fettes vorsetzen. Wetten, daß Ihr Mann Ihnen eigentlich dafür danken müßte.
Dünsten Sie grundsätzlich alles Gemüse fettlos oder fast fettlos und geben Sie erst zum Schluß auf die Portionen der anderen den verfeinernden Stich Butter. Wie zum Beispiel bei diesem

150
Kalorien
pro Portion

Rosenkohl meine Art 4 Portionen

2 Zwiebeln · 2 Teelöffel Öl · 1/8 Liter Wasser plus 1 Teelöffel Streuwürze
2 kleine Äpfel · 1000 g Rosenkohl · Salz · Pfeffer · Muskat

Die Zwiebeln würfeln und in Öl plus etwas Brühe glasig werden lassen. Die Äpfel in dünne Ringe schneiden und mit dem geputzten Rosenkohl zu den Zwiebeln geben. Mit restlicher Brühe auffüllen, würzen und gar

Feldsalat mit Radieschenscheiben und Joghurt-Ketchup (vorne). ▷
Dünn gehobelte Gurken mit Sojasauce, Salz, Pfeffer
und wenig Keimöl angemacht. Geraspelter Rettich mit Tomatenscheiben.

dünsten. Der Rosenkohl sollte noch einen Biß haben. Geben Sie der Familie noch Kartoffeln dazu. Als Fleisch in der kunststoffbeschichteten Pfanne gebratene Hirschsteaks. 150 Gramm schieres Fleisch sind 160 Kalorien.
Guter Rat: Geben Sie sich Ihre Portion gleich auf einen Teller. Und teilen Sie für sich die Vierer-Portion nicht durch vier, sondern durch fünf. So sparen Sie sich einige Kalorien für Zwischenhäppchen ein. Bei diesem Rosenkohl reicht's für einen Becher Mager-Joghurt zusätzlich.

Folgendes Rezept beruht auf einem Trick. Sie machen für die Familie normale Omeletts, die Sie mit Spinat füllen. Für sich zweigen Sie 2 Eiweiß ab und fabrizieren

158
Kalorien

Gefüllte Eiweiß-Omeletts 1 Portion

150 g tiefgekühlter Spinat · 5 g Margarine · Prise Salz · Pfeffer · Muskat
2 Eiweiß · 5 g Sonnenblumen-Öl

Den Spinat bei milder Hitze in Margarine auftauen lassen und 5 Minuten dünsten. Mit Salz, Muskat und Pfeffer würzen. Die Eiweiße leicht verrühren, im Öl zu einem Omelett backen, mit Spinat füllen und sofort servieren. Pikanter und farbiger wird das Omelett, wenn Sie ein wenig Safran im Eiweiß verrühren.

Bei folgendem Rezept bekommt die Familie je ein Kassler Kotelett (kalt) dazu, Sie selbst leisten sich 100 Gramm Lachsschinken. Sie essen 1 frische Pellkartoffel dazu, das macht zusammen 200 Kalorien. Dafür ist das Bohnengemüse sehr reichlich bemessen. Die Familie kann zu den Kartoffeln noch Kräuterbutter (fertig zu kaufen) nehmen.

250
Kalorien
pro Portion

Scharfe grüne Bohnen 4 Portionen

1500 g grüne Bohnen
4 Eßlöffel gehackte Zwiebeln (besser noch Zwiebelrohr)
1 Eßlöffel Margarine · 2 Joghurtbecher Sangrita

Die Bohnen in wenig Wasser, besser noch in Dampf, garen. Die Zwiebeln in der Margarine anschmoren und mit den garen Bohnen mischen. Sangrita zum Gemüse geben und bei milder Hitze noch einmal ans Kochen bringen.

◁ Hähnchensulz aus Rüschlikon. Rezept auf Seite 96.

Wenn Sie ein Kartoffel-Fan sind, hier ist ein fabelhaftes Mittagessen, bei dem Sie die Portionen für die Familie einfach vergrößern. Sie selbst dürfen dies essen:

415
Kalorien

Baked Potatoes mit Kräuterquark 1 Portion

200 g Melone · 100 g Lachsschinken
2 mittelgroße, mehlige Kartoffeln (= 200 g) · 50 g Magerquark
Schnittlauch · Salz · Pfeffer · 1 Eßlöffel Magermilch

Die Melone in 2 Schnitze schneiden und mit dem Schinken und einer Pfeffermühle servieren. Die Kartoffeln gut waschen, mit einer spitzen Gabel mehrmals einstechen, in Alu-Folie wickeln und im Ofen etwa 40 Minuten backen. Die Kartoffeln kreuzweise einschneiden und durch seitlichen Druck mit Daumen und Zeigefinger das Innere etwas herauspressen. Den Quark mit den Gewürzen und der Milch cremig rühren und den Schnittlauch unterheben. Zu den Kartoffeln servieren.
P. S. Für die Familie kann es normaler roher Schinken sein. Es war nämlich schon immer etwas teurer, mager zu essen!

Beim nächsten Gericht können alle mitessen, nur Sie nehmen keine Kartoffeln dazu.

200
Kalorien
pro Portion

Spinat mit Champignons 4 Portionen

1000 g gehackter, tiefgekühlter Spinat · 500 g frische Champignons
1 Zwiebel · 30 g Margarine · weißer Pfeffer · Salz · 1 Prise Zucker
1 Hauch Muskat
Plus 1 wachsweiches Ei = 84 Kalorien

Die gefrorenen Spinatblöcke in ganz wenig Wasser heiß werden lassen. Die geputzten Champignons blättrig schneiden und mit der feingehackten Zwiebel in der Margarine dämpfen. Dabei darf die Zwiebel nicht braun werden. Hat der Spinat 5 Minuten gekocht, mit Pfeffer, Salz, Zucker und Muskat abschmecken. Die Pilze salzen und mit dem Spinat mischen. Das sättigt.
Merke: Einen Vorteil haben Sie, wenn Sie Gemüse in größerer Menge als in Einerportionen kochen, Sie können leichter mit dem Fett sparen und auch mal mit etwas Zucker würzen.

Von dem folgenden pikanten Kalbfleisch nehmen Sie nur den fünften Teil, das sind dann 380 Kalorien. Nehmen Sie sich Ihre Portion weg, bevor Sie mit Sahne, Eigelb und Semmelbrösel gebunden haben, dann können Sie nochmal 80 Kalorien abziehen und dürfen 100 Gramm gekochte Makkaroni (= 140 Kalorien) dazu essen.

300
Kalorien

Pikantes Kalbfleisch

1000 g gewürfeltes Kalbfleisch von der Schulter
1 große Zwiebel mit 3 Nelken besteckt
500 g grobgeschnittene Karotten
1 Lorbeerblatt · $^1/_4$ Teelöffel getrockneter Thymian
1 ganze Petersilienwurzel · 1 Eßlöffel Salz · 5 Pfefferkörner · 1 l Wasser
500 g kleine Zwiebeln · 250 g geschnittene Champignons
1 Eßlöffel Zitronensaft

80
Kalorien

Zusätzlich für das restliche Gericht: 1 Eigelb · $^1/_8$ l Sahne
1 Eßlöffel Semmelbrösel

Das Kalbfleisch mit der Nelkenzwiebel, den Karotten und den Gewürzen inklusive der Pfefferkörner in 1 Liter Wasser aufsetzen und $^1/_2$ Stunde kochen lassen. Dann die kleinen geschälten Zwiebeln und nach weiteren 15 Minuten die Champignons dazugeben und noch 20 Minuten köcheln lassen. Die Flüssigkeit, nachdem wir Lorbeerblatt, Petersilienwurzel und eventuell die Pfefferkörner herausgefischt haben, mit dem Zitronensaft abschmecken. Ein Fünftel des Gerichts abnehmen. Den Rest mit dem in Sahne verquirlten Eigelb binden. Die Semmelbrösel dazugeben und noch einmal fast aufkochen lassen.

Denken Sie auch daran, daß Sie zum Beispiel von einer kalorienreichen Sache ein kleines Stück essen dürfen. Der folgende Käsekuchen wird mit reichlich Salat mittags gegessen. Sie nehmen nur ein Achtel vom Käsekuchen.

280
Kalorien für ein Achtel des Kuchens

Gougère Bourguignonne

Für den Teig: 2 Deziliter (= 200 ccm) Wasser · 80 g Butter · Salz
Muskat · 150 g Mehl · 4 Eier · 180 g Greyerzer Käse

Das Wasser mit der Butter, einer guten Prise Salz und einer Messerspitze Muskat aufkochen. Das Mehl auf einmal dazugeben und so lange rühren, bis sich der Teig vom Topf löst. Den Teig vom Herd nehmen und etwas abkühlen lassen. 3 Eier nach und nach in den noch warmen Teig arbeiten. Das 4. Ei in einer Tasse verkleppern und nur so viel dazugeben, wie nötig ist, um einen mittelfesten Teig zu bekommen. Den Teig eine Stunde ruhen lassen. Wer sich vor diesem Brandteig fürchtet, obwohl keine Veranlassung dazu ist, kann sich einen fertigen Brandteig-Mix kaufen, der nahezu problemlos ist. Den Käse in kleine, längliche Würfel schneiden (nicht naschen, statt dessen eine Gewürzgurke kauen) und die Hälfte davon unter den Teig mischen.

Ein Backblech leicht fetten, mit einem Kaffeelöffel, den man immer wieder in heißes Wasser taucht, Portionen vom Teig abstechen und sie auf dem Blech dicht an dicht aneinanderreihen, so daß ein Kranz entsteht. Den Kranz mit den restlichen Käsestücken so spicken, daß sie gut sichtbar sind. Den Backofen auf 180 Grad vorwärmen, den Kranz 25 Minuten backen, die Hitze auf 250 Grad schalten und weitere 5 Minuten bei leicht geöffneter Tür goldbraun werden lassen. Der Kranz darf nicht austrocknen. Heiß zu viel grünem Salat servieren. Dieses Rezept habe ich mit voller Absicht gebracht: es soll Ihnen zeigen, daß Sie auch mal so etwas essen dürfen, wenn Sie sich in der Portion beschränken. Und es läßt Sie nicht zum Außenseiter werden.

Weitere magere Regeln:

Wenn Sie einen Rehschlegel machen, dann spicken Sie ihn nicht mit Speck, sondern belegen ihn mit dünnen Speckscheiben. Machen Sie sich 200 Gramm Pfifferlinge dazu (= 28 Kalorien), in Streuwürzenbrühe gedünstet. 2 Scheiben Rehschlegel à 100 Gramm sind auch nur 212 Kalorien.

Fisch jede Menge

Wenn es Fisch gibt, können Sie kräftig zulangen. Lassen Sie einfach die Butter fort.

Machen Sie viel mit Tomaten und essen Sie immer einen Salat vorweg. Die anderen – sie können ihn sich nachölen – werden sich auch daran gewöhnen.

Essen Sie abends ab und zu eine Minikal-Suppe (siehe S. 51). Sie schmeckt gut, hat nur 100 Kalorien und sättigt. Dazu darf man dann noch Quark essen oder ein Knäckebrot.

Sie sehen, als Hausfrau abzunehmen ist doch nicht sooo schrecklich!

Berufstätig - und doch abnehmen

Es ist schwierig und leicht zugleich, abzunehmen, wenn man tagsüber nicht zu Hause ist. Schwierig, weil man in Kantinen und Gaststätten nur schwer nach Kalorien essen kann, weil man sich gerne statt Mittagessen ein Stück Kuchen kauft oder eine Bockwurst oder ein paar Brote ißt. Leicht, weil man weniger der Versuchung ausgesetzt ist, zwischendurch zu naschen, sich schnell mal ein Brot zu machen oder etwas anderes in den Mund zu stopfen.

Ich möchte Ihnen hier zeigen, wie Sie sich tagsüber richtig ernähren können und wie Sie es vermeiden, sich abends zu Hause heißhungrig auf das »erste Schlechteste« zu stürzen.

Wichtige Vorbemerkung: Auch am Arbeitsplatz sollte man seinen Häppchen-Beutel dabei haben. Einen halben Apfel in Schnitzen, eine Möhre in Stücken, Gurken in Scheiben – gleich auf Häppchengröße zurechtgemacht, in einem Plastikbeutel oder einem verschließbaren Plastikbecher verpackt und insgesamt nicht mehr als 150 Kalorien beinhaltend. Wobei ein Becher Mager-Joghurt für eine Zwischen-Mahlzeit nicht schlecht ist.

Was man sich so ins Büro mitnehmen kann

Das kann kalt sein oder zum Warmmachen, denn eine Kochplatte wird man sich wohl aufstellen können. Hier kommt der gute alte »Henkelmann« der frühen proletarischen Jahre wieder zu Ehren, das Gefäß mit Essen zum Warmmachen, das sich früher die Arbeiter mitnahmen oder das ihnen mittags von ihren Frauen gebracht wurde. Doch nun zu Rezepten, die Sie zu Hause vorbereiten. Zum Beispiel

235
Kalorien

Rindfleisch-Salat 1 Portion

100 g mageres Rindfleisch (Halsgrat) · 1/8 Liter Tomatensaft
1 Teelöffel Senf · 1 Teelöffel Zitronensaft · 2 Eßlöffel Mager-Joghurt
1 Teelöffel Kapern · 5 gehackte Perlzwiebeln
das gehackte Weiß eines hartgekochten Eis · 2 gehackte Cornichons
Salz · Pfeffer · reichlich Petersilie
(mit 2 Scheiben Knäckebrot knapp 300 Kalorien)

Das Rindfleisch kochen (Sie müssen schon 500 Gramm kaufen, zusammen 720 Kalorien, und noch zu anderen Gerichten verwenden). Vom gekochten Fleisch 2 dünne Scheiben (= 100 Gramm) abschneiden und diese in gleichgroße Stückchen schneiden. Die anderen Zutaten – außer der Petersilie – gut mischen, das Fleisch hineingeben und über Nacht ziehen lassen. Morgens die frischgehackte Petersilie darübergeben und mitnehmen.

Zum Aufwärmen, ebenfalls mit Rindfleisch, dieser

300 Kalorien

Wirsing-Topf 1 Portion

250 g Wirsing · 3 mittelgroße Kartoffeln · 1 kleine Zwiebel · Salz Kümmel · 100 g gekochtes mageres Rindfleisch

Den Wirsing waschen und in Streifen schneiden, die Kartoffeln schälen und in dünne Scheiben schneiden. Den Wirsing und die Kartoffeln in $^1/_4$ Liter Wasser mit etwas gekörnter Brühe zum Kochen bringen, das Salz, den Kümmel und die gehackte Zwiebel dazugeben. So lange köcheln, bis die Kartoffeln gar sind, dann das Fleisch hineinschneiden.

132 Kalorien

Zwischenbemerkung: Wenn Sie der Drang nach Süßem überfällt oder Sie mit Ihren Kollegen doch mal Kaffee trinken wollen: 1 Tasse Kaffee oder Nescafé (ohne Milch und Zucker) plus 6 Löffelbiskuits zusammen = 30 Gramm = 132 Kalorien.

400 Kalorien pro Portion

Hähnchensulz aus Rüschlikon 2 Portionen (Bild auf Seite 90)

1 Hähnchen von etwa 750 g · 1 Karotte · $^1/_4$ Knolle Sellerie 2 Liter Wasser · Salz · 3 Pfefferkörner · 1 Teelöffel Streuwürze

Das Hähnchen mit der Karotte und dem Sellerie in dem gewürzten Wasser 20 Minuten lang kochen. Das Hähnchen herausnehmen, die Haut abziehen, das Fleisch von den Knochen lösen und klein schneiden. Die Knochen wieder in die Brühe geben und 1 Stunde weiterkochen. Die Karotte und den Sellerie herausfischen, wenn sie gar sind, in Stückchen schneiden und zum Fleisch geben. Alles kalt stellen. Das Fett bildet auf der Brühe eine Platte, die man abnehmen kann. Das Fleisch in Portionsformen verteilen und eventuell noch mit Essiggurkenscheiben verzieren. Die leicht angewärmte Brühe darübergießen, wird zu einer köstlichen Sülze.

Sehr gut vorbereiten lassen sich

300 Kalorien pro Portion

Ungarische Hacksteaks 1 Portion

100 g Beefsteak-Hack · Salz · Pfeffer · Edelsüßpaprika $^1/_2$ Paprikaschote · $1^1/_2$ Eßlöffel Reis · 1 Teelöffel Margarine

Das Hackfleisch mit den Gewürzen und der ganz fein geschnittenen Paprikaschote mischen. Den Reis in gesalzenem Wasser gar kochen, zum Hackfleisch geben und zwei Steaks daraus formen. Die Steaks in Margarine von beiden Seiten knusprig und gut durchbraten. Sie können kalt gegessen oder auch warm gemacht werden. Man kann sie aber auch vorbereiten und im Kühlschrank stehen lassen, um sie zu braten, wenn man nach Hause kommt. Dazu gibt es dann Kopfsalat mit einer unserer Salatsaucen.

Es ist nämlich wichtig, schnell essen zu können, wenn man nach Hause kommt. Sonst ist die Versuchung für eine nicht eingeplante Zwischen-Mahlzeit zu groß.
Für diesen Zweck (und auch zum Mitnehmen ins Büro) ist folgende Methode fabelhaft. Ich nenne sie

Die Tellerpäckchen-Methode

Es ist die Methode der Mini-Eintöpfe und sowohl für Berufstätige wie für Leute, die innerhalb einer Familie allein abnehmen wollen, die sicherste, beste und rationellste. Sie bewährt sich auch, wenn ein Gast gerade in einen Kalorien-Konflikt verstrickt ist. Und die Frage »Können wir sie (ihn) überhaupt einladen, sie (er) macht doch gerade eine Abmagerungskur?« erübrigt sich. Man braucht dazu allerdings eine Tiefkühltruhe oder im Kühlschrank ein Drei-Sterne-Fach, und Alu-Folie.
Die Zeitschrift »Annabelle« in Zürich hatte die Idee des »Le régime en papillote« (Schlankheit in der Folie) und führte sie mit einer Restaurantkette durch.
Man nimmt sich einen Tag in der Woche Zeit und stellt genau berechnete Tellerpäckchen-Mahlzeiten her. Man wickelt sie in mit ein wenig Weizenkeim- oder Sonnenblumenöl bepinselte Alu-Folie, knifft sie zu fest schließenden Päckchen und friert sie ein.
Bei Bedarf die Päckchen herausholen und in einem Topf mit zweifingerhoch Wasser erwärmen. Nimmt man sie mit ins Büro, holt man sie erst morgens aus der Tiefkühlung.
Beschriftung und Kalorienzahl nicht vergessen.
Die Beispiele, die ich bringe, sind auf Einzelportionen berechnet. Wenn Sie sie herstellen, kaufen Sie die Zutaten gleich für mehrere Portionen ein. Der Inhalt der Päckchen hält sich mindestens 3 Monate frisch.

160
Kalorien

Geschnetzeltes Kalbfleisch 1 Portion

120 g geschnetzeltes Kalbfleisch (Keule)
80 g frische Champignons, in Scheiben geschnitten
1/2 Teelöffel gehackte Zwiebeln · Streuwürze · Pfeffer
1 Messerspitze Currypulver · gehackte Petersilie · 1 Teelöffel Margarine

Das feingeschnittene Fleisch auf die Folie legen und mit Zwiebeln und Gewürzen bestreuen. Die feingeschnittenen Champignons darauflegen und darauf Margarineflöckchen und Petersilie. Die Folie luftdicht aber locker zusammenkniffen und im Backofen 15 Minuten bei 180 Grad garen. Auskühlen lassen und einfrieren. Mit 2 mittelgroßen Pellkartoffeln ein 240-Kalorien-Essen.

235
Kalorien

Florentiner Fisch 1 Portion (Bild auf Seite 100)

100 g Blattspinat · Salz · 150 g Kabeljau- oder Schollenfilet
Streuwürze · 1 gewürfelte Tomate · ½ geriebene Knoblauchzehe
1 Teelöffel geriebener Parmesan · Saft ½ Zitrone
60 g gewürfelte Kartoffeln · 3 g Margarine

Den Spinat auf die Folie legen und flachdrücken (das geht am besten, wenn Sie ihn kurz in heißes Wasser werfen und dann gut abtropfen lassen) und salzen. Darauf den Fisch legen, mit Streuwürze bestreuen und darüber Tomatenwürfel, Knoblauch und Parmesan geben. Die Kartoffelwürfel (für 3 Minuten in kochendem Wasser angekocht und ausgekühlt) daraufgeben, die Margarine daraufstreichen und die Folie zukniffen. Im vorgewärmten Backofen bei 180 Grad 20 Minuten lang garen. Auskühlen lassen und einfrieren. Bei Bedarf für 10 Minuten in kochendes, einfingerhohes Wasser legen.

330
Kalorien

Hähnchen mit Champignons und Erbsen 1 Portion

300 g Hähnchen ungekocht mit Knochen · Salz · Pfeffer
50 g frische Champignons · 100 g frische Erbsen · etwas Curry
5 g Sonnenblumenöl-Margarine

Die gewürzten Hähnchenstücke (ohne Haut) auf die Alufolie legen. Die Champignons in dünne Scheiben schneiden und mit den Erbsen zum Hähnchen geben. Den Curry darüberstreuen und die Margarine in Stückchen dazwischen verteilen. Zu einem dichten Päckchen zusammenkniffen und im vorgeheizten Backofen in einfingerhoch Wasser 30 Minuten bei 180 Grad garen. Auskühlen, einfrieren. Bei Bedarf 10 Minuten in Wasser erhitzen.
Variante: Gegrilltes Hähnchen zerteilen, Erbsen aus der Dose dazugeben, frische Champignons und Gewürze wie oben. Einpacken und gleich in die Tiefkühltruhe.

Schlankes Tatar. Rezept auf Seite 101. ▷

230 Kalorien

Schinkenrollen 1 Portion

2 Chicoréestauden (etwa 120 g) · Salz · Streuwürze
60 g möglichst magerer gekochter Schinken
10 g geraffelter Greyerzer-Käse · gehackte Petersilie

Die geputzten Chicoréestauden (am stumpfen Ende einen Keil herausschneiden) für eine Minute in kochendes Wasser legen, abtropfen lassen, der Länge nach halbieren und würzen. Je 1/2 Chicorée in ein Stück Schinken einwickeln und nebeneinander auf die Alu-Folie legen. Mit Käse und Petersilie bestreuen, die Folie luftdicht verschließen und in die Tiefkühltruhe legen. Wird bei Gebrauch in kochendem Wasser 10 Minuten gegart.
Auf diese Weise haben Sie immer einen Vorrat, der schnell zubereitet ist, und warmes Essen mit ins Büro zu nehmen. Es wird nämlich in der aufgeschnittenen Alu-Folie serviert.

230 Kalorien

Schlankes Tatar 1 Portion (Bild auf Seite 99)

150 g mageres Ochsenfilet · Salz · Pfeffer · Kräuter
feinsauere Beilagen wie Maiskölbchen, eingelegte Paprika, Essiggurken, Kapern usw.

Fleisch mit Salz, Pfeffer und Kräutern anmachen. Mit Feinsauerem bunt umlegen. Statt Fleisch kann man Hütten- oder Cottagekäse nehmen. 180 Gramm haben den gleichen Kalorien- und Eiweißwert und sind wesentlich billiger.

Suppen machen nicht dick

Wichtige Zwischenbemerkung: Es heißt immer, daß Suppen dick machen. Ein dummes Vorurteil, das nur dann stimmt, wenn man zu einem vollwertigen Essen auch noch eine fette, mehlige Suppe ißt. Fertigsuppen haben nämlich relativ wenig Kalorien, und zwar

	pro Teller (1/4 Liter)
Brühwürfel oder gekörnte Brühe	7
Instant-Brühe	11
Klare Fleischsuppe, fette Brühe	16 bis 18
Trockensuppen (gebunden oder mit Einlagen)	50 bis 85
Suppen in Dosen (klar mit Einlagen)	55 bis 91
Suppen in Dosen (gebunden mit Einlagen)	90 bis 160

◁ Florentiner Fisch. Rezept auf Seite 98.

Alle Fertigsuppen sind aber mit 2 Stück Knäckebrot durchaus als Mahlzeit zu betrachten.
Inzwischen gibt es auch kalorienarme Suppen (siehe Übersicht S. 140), die pro Teller nur 35 Kalorien bringen und gut schmecken.

Wenn es mal ganz schnell gehen soll

280 Kalorien

Die 12-Minuten-Roulade 1 Portion

1 Kalbsschnitzel von 200 g · 1 Teelöffel Butter · Pfeffer · 1/2 Zwiebel
50 g Champignons · 1 Teelöffel gehackte Petersilie · Salz
1 Eßlöffel Brühe · 1 große Tomate in Scheiben

Das Schnitzel sehr dünn klopfen. In einer heißen kunststoffbeschichteten Pfanne die Butter schmelzen, das Schnitzel Farbe annehmen lassen und pfeffern. Die Zwiebel und die Champignons hacken, mit der Petersilie in der Brühe 2 Minuten dünsten und salzen. Das Gemüse auf das Schnitzel streichen, zusammenrollen und festbinden. Die Pfanne mit Tomatenscheiben auslegen und darauf die Roulade 10 Minuten schmoren lassen. 2 zusätzliche neue Kartoffeln kosten noch weitere 75 Kalorien. 1/2 Portion Reis (= 37,5 Gramm) übrigens 142.

100 Kalorien

Der schnellste Spargel der Welt 1 Portion

500 g frischer Spargel · Wasser · Salz
1 1/2 Eßlöffel chinesische Sojasauce · 1/2 Teelöffel Zucker

Den Spargel, der möglichst frisch sein soll, in unserem Fall am Abend zuvor schälen und in ein feuchtes Tuch wickeln. Wenn Sie nach Hause kommen, bringen Sie reichlich Wasser zum Kochen und schneiden den Spargel in 4 Zentimeter lange Stücke. (Holzige Enden wegwerfen.) Den Spargel in das sprudelnde Salzwasser werfen und 4 Minuten kochen lassen. Mit dem Schaumlöffel herausnehmen und in eine Schüssel geben. Die Sojasauce, in der der Zucker aufgelöst wurde, über den heißen Spargel gießen. Zudecken und für 10 Minuten in den Kühlschrank geben. In der Zwischenzeit können Sie sich im Grill ein 200-Gramm-Filet-Steak (= 250 Kalorien) bereiten oder in wenig Streuwürzenbrühe 200 Gramm Kalbsschnitzel (= 216 Kalorien) oder 200 Gramm Hühnerbrustfilets (= 218 Kalorien) garen. Ich wußte bisher nicht, daß fast roher Spargel so gut schmecken kann. Außerdem putzt er den Körper noch besser durch als gargekochter.

200 Kalorien

Krabben Mexiko 1 Portion

100 g Krabben (tiefgekühlt oder aus der Dose)
100 g tiefgekühlte Erbsen · 100 g Maiskörner aus der Dose
1 bis 2 Eßlöffel Weinessig · Salz · grobgemahlener Pfeffer · wenig Curry

Die Krabben und die Erbsen schon am Morgen auftauen lassen und mit den Maiskörnern mischen. Das Gemisch mit dem Essig und den Gewürzen pikant abschmecken.
Sättigt ausgezeichnet! Man kann auch etwas Zitronensaft nehmen und die Mischung in einer kunststoffbeschichteten Pfanne warm werden lassen.

175 Kalorien

Das Pfifferling-Omelett 1 Portion

150 g Pfifferlinge aus der Dose · 5 g Margarine · 1 ganzes Ei · 1 Eiweiß
Salz · 1 Eßlöffel gehackte Petersilie

Die Pfifferlinge mit etwas Pilz-Wasser in einer kunststoffbeschichteten Pfanne erhitzen. Ist der Saft eingekocht, die Margarine dazugeben. Das Ei und das Eiweiß salzen, leicht verquirlen und über die Pfifferlinge gießen. Das Ei stocken lassen und mit Petersilie dick bestreuen.
Nimmt man statt der Pfifferlinge 100 g Krabben und bestreut zum Schluß mit Dill, hat man eine Mahlzeit mit 245 Kalorien (Bild auf Seite 109).

Drei Dutzend erprobte Mini-Kalorien-Kochereien

Keines der folgenden Rezepte hat mehr als 400 Kalorien pro Portion.
Die Portionenzahl ist jeweils angegeben.
Beginnen wir mit den Gemüsen und schlanken Eintöpfen.

240 Kalorien

Spargel rot-weiß 1 Portion

1000 g Spargel · 250 g Tomaten
nach Belieben: Streuwürze, Worcestershiresauce, Zitronensaft
5 g Butter · Petersilie
Für eine Person zum Sattessen

Den Spargel putzen und in Salzwasser etwa 20 Minuten kochen. Die Tomaten abziehen, zerkleinern und mit den Gewürzen in den Mixer

geben und pürieren. Das Püree im Wasserbad leicht erwärmen. Den Spargel auf einer Platte anrichten, die Köpfe mit der Butter überglänzen und das Tomatenpüree über die »Füße« gießen. Das Püree mit gehackter Petersilie bestreuen.
Leider läßt sich Spargel schlecht einfrieren, so daß man ihn für die Tellerpäckchen-Methode nicht verwenden kann.

330
Kalorien

Spargel Berliner Art 1 Portion

750 g Spargel · Wasser · Salz · 1 Teelöffel Sonnenblumenöl
100 g geschnetzelte Kalbsleber · 1 dünn geschnittene Zwiebel
Streuwürze · Pfeffer · Salz

Den geschälten Spargel in Salzwasser etwa 20 Minuten gar kochen. Das Öl in einer kunststoffbeschichteten Pfanne erhitzen, die fein geschnetzelte Leber für 3 Minuten unter Wenden darin braten, herausnehmen, die Zwiebel hineingeben, mit Streuwürze bestreuen und mit etwas Wasser angießen. Die Zwiebel weich schmoren. Leber pfeffern und salzen und mit den Zwiebeln über dem Spargel servieren. Wenn Sie 1/8 Liter Weißwein (75 Kalorien) dazu trinken und mit Mineralwasser spritzen, ist es ein richtiges Festessen.
In der Spargelzeit kann man mit lauter Spargelgerichten (1 Kilo ist ohne weiteres erlaubt) auch eine Wochenendkur machen.

Die Abteilung Kohl bietet mancherlei Möglichkeiten. Die einfachste

300
Kalorien

Blumenkohl variiert 1 Portion

1 Blumenkohl von 750 g · Wasser · Streuwürze · 125 g Krabben
5 g Sonnenblumenöl

Den Blumenkohl in wenig mit Streuwürze versetztem Wasser gar dämpfen, nicht zu weich bitte. Die Krabben im Öl braten, bis sie knusprig sind, über den Blumenkohl geben und servieren. Statt der Krabben kann man auch zwei hartgekochte Eier bei gleicher Kalorienzahl darüberstreuen.
Oder man serviert 200 Gramm gedämpftes Kabeljaufilet dazu.

300
Kalorien
pro Portion

Blumenkohl mit Huhn 4 Portionen

4 Hühner-Brustfilets · Salz · weißer Pfeffer · etwas Basilikum
1 Teelöffel Margarine · 1 Blumenkohl von 750 g · 1/8 l Joghurt · 2 Eier
1 Eßlöffel geriebener Emmentaler

Die Filets mit Salz, Pfeffer und Basilikum würzen und in der Margarine von beiden Seiten zusammen 4 Minuten braten. Den Blumenkohl in Röschen zerteilen und in gesalzenem Wasser 12 Minuten kochen und abtropfen lassen. In eine leicht geölte Auflaufform die Filets und darauf die Blumenkohlröschen legen. Den Joghurt mit den Eiern und dem Käse verquirlen, salzen, darübergießen und 20 Minuten im Rohr überbacken. Dazu reichlich grünen Salat servieren. Wer es sich leisten kann, gibt noch Bandnudeln dazu (100 Gramm gekochte = 140 Kalorien).

380
Kalorien
pro Portion

Grünkohl mit Schillerlocken 4 Portionen

2 Kilo Grünkohl (oder 750 g tiefgefrorener) · Salz · 1 gehackte Zwiebel
30 g Margarine · Muskat · Pfeffer · 4 Schillerlocken (= 500 g)

Den gut gewaschenen Kohl von den groben Rippen streifen, in leicht gesalzenem Wasser 20 Minuten kochen lassen, abgießen und den Kohl grob hacken. Wenn wir tiefgefrorenen Grünkohl verwenden, die Zwiebel in der Margarine hellgelb werden lassen. Den unaufgetauten oder gekochten ausgedrückten Kohl dazugeben, würzen und 30 Minuten schmoren. 10 Minuten vor dem Servieren die in fingerlange Stücke geschnittenen Schillerlocken (geräucherte Bauchlappen des Dornhaies) darauflegen. Man kann auch geräucherten Katfisch (Steinbeißer), Schellfisch oder Rotbarsch (je 100 Gramm 135, 102 oder 157 Kalorien) nehmen, die Schillerlocken aber schmecken am besten und sehen am ehesten wie Würstchen aus. Die ungewohnte Kombination schmeckt gut.

265
Kalorien
pro Portion

Kohlrouladen mit Fischfüllung 4 Portionen

1 Wirsing oder Weißkrautkopf von 1500 g · Salz · 750 g Schellfischfilet
Saft 1 Zitrone · 1 Teelöffel Anchovispaste oder 3 Sardellen
100 g Krabben · 4 Eßlöffel Joghurt · Bohnenkraut · Dill
10 g Margarine · 1/8 l Fleischbrühe aus Brühwürfel

Aus dem Kohlkopf den Strunk entfernen und in leicht gesalzenem Wasser so lange sieden, bis sich die Blätter gut lösen lassen (10 bis 12 Minuten). Den Kopf abtrocknen, die Blätter lösen und dicke Blattadern flach schneiden. Die Fischfilets in dünne Scheiben schneiden, mit Zitronensaft beträufeln, salzen und 15 Minuten aufeinander liegen lassen. Die Sardellen und die Krabben fein hacken (oder gehackte Krabben mit Anchovispaste mischen), den Joghurt dazugeben und mit Bohnenkraut und Dill würzen. Diese Masse auf die Filets streichen, zusammenrollen, in Kohlblätter wickeln, festbinden und rundum in der Margarine anbraten. Mit Fleischbrühe angießen und 45 Minuten schmoren lassen.

360
Kalorien
pro Portion

Rouladen von Wild und Kohl 4 Portionen

600 g Rehfleisch von der Keule · 1 gehackte Zwiebel
1 Eßlöffel gehackte Petersilie · 125 g gehackte Pfifferlinge
etwas Thymian · 1/2 Teelöffel Salz · 10 g Margarine
etwas Streuwürzenbrühe · 1 Wirsing von 1500 g · 1 gehackte Zwiebel
5 Pfefferkörner oder 1 Teelöffel grüner Pfeffer · 1/2 Teelöffel Kümmel
1/8 Liter klare Fleischsuppe · 2 Teelöffel Johannisbeergelee
1 Glas Rotwein · Zitronensaft · 3 Tropfen Tabasco

Das Fleisch in kleine Stückchen (2 mal 1cm) schneiden und mit der gehackten Zwiebel, der Petersilie, den Pilzen, dem Thymian und dem Salz in der Margarine rundum braten. Die Streuwürzenbrühe dazugeben, wenn die Zwiebel blond geworden ist, und insgesamt 10 Minuten schmoren. Den Wirsing wie im vorigen Rezept bereiten, in Blätter zerlegen, darin je einige Fleischstückchen mit Zwiebel-Pilz-Masse nicht zu dick einwickeln, zubinden und die Röllchen in eine Kasserolle stellen. Zwiebel, Pfefferkörner, Kümmel und Thymian darüberstreuen, mit Fleischsuppe angießen, aufkochen lassen und bei milder Hitze 2 Stunden schmoren. Die Fäden entfernen, den Bratsaft mit Wein aufgießen, mit Johannisbeergelee, Zitronensaft und Tabasco abschmecken, durch ein Sieb passieren und über die Röllchen gießen. Die übrige Familie kann Reis oder Kartoffeln dazu essen. Sie sehen, man kann auch beim Abmagern schlemmen.

Ein ganz ideales Abmagerungs-Mittel sind Tomaten. Sie könnten davon am Tag 12 Pfund essen und hätten dann gerade 1200 Kalorien aufgenommen. Doch das rate ich Ihnen nicht. Dafür aber dieses

370
Kalorien
pro Portion

Manager-Gulasch 4 Portionen

500 g gewürfelte Puterbrust · 10 g Margarine
1 Eßlöffel Edelsüßpaprika · etwas Wasser · 1 geschnittene Paprikaschote
1000 g Tomaten · 2 Teelöffel Tomatenketchup · 500 g Kartoffeln
Salz · Pfeffer · 1 Eßlöffel gehackte Petersilie
1/2 Eßlöffel gehackter Schnittlauch

Die Fleischwürfel ringsum in der Margarine scharf anbraten, bis sie Farbe bekommen, mit Paprikapulver bestäuben, durchrühren und mit wenig Wasser angießen, so daß das Paprikapulver nicht anbrennen kann. Die Paprikaschote, die gewürfelten Tomaten, das Ketchup und die in dünne Scheiben geschnittenen rohen Kartoffeln dazugeben, salzen, pfeffern, 30 Minuten lang dünsten lassen und eventuell nochmal mit Wasser nachgießen. Vor dem Servieren die Petersilie und den Schnittlauch unterheben.

300
Kalorien
pro Portion

Roter Blumenkohl 4 Portionen (Bild auf Seite 110)

1 Blumenkohl von etwa 1000 g · 1 Schuß Essig · 500 g Tomaten
2 Zwiebeln · 2 Knoblauchzehen · 5 Teelöffel Öl · 500 g Paprikaschoten
50 g schwarze Oliven · Salz · Pfeffer · 400 g deutsches Corned Beef
1 Eßlöffel Zitronensaft

Den Blumenkohl in Essigwasser waschen, damit er weiß bleibt. (Ist der Blumenkohl schwerer, dann rechnen Sie pro 500 Gramm 23 Kalorien zu jeder Portion dazu.) Den Kohl in Salzwasser etwa 30 Minuten weich kochen. Die Tomaten abziehen und vierteln. Die Zwiebeln und den Knoblauch hacken und im Öl andünsten. Die Tomaten, die in feine Streifen geschnittenen Paprikaschoten und die halbierten Oliven hinzufügen, salzen, pfeffern und 15 Minuten bei milder Hitze köcheln lassen. Das gewürfelte Corned Beef dazugeben (deutsches ist kalorienärmer als argentinisches) und weitere 5 Minuten kochen lassen. Den weißen Blumenkohl in einer Schüssel anrichten, kräftig mit Zitronensaft beträufeln und das rote Fleischgemüse drumherum anrichten.
Kalorienarme Zwischenbemerkung: Seien Sie mit Tomaten verschwenderisch. Zusammen mit Paprikaschoten, Gurken, Pilzen und Zwiebeln ergeben sie Satt-Esse-Mahlzeiten mit geringem Kalorien-Effekt. Da sie viel Flüssigkeit abgeben, kann man mit ihnen (in dicke Scheiben geschnitten) Pfannen und Töpfe auslegen und darauf Fleisch fettlos schmoren.

In unsere bevorzugten Gemüse sollten wir auch den Lauch miteinbeziehen. Zum Beispiel so:

250
Kalorien
pro Portion

Chinesischer Lauch 4 Portionen

4 Scheiben Kalbsleber zu je 100 g · 1 gehäufter Teelöffel Speisestärke
3 Eßlöffel japanische Sojasauce · 1 Teelöffel Zucker · 750 g Lauch
5 Teelöffel Sonnenblumenöl · Prise Salz
Plus 1/2 Portion gekochter Reis (= 37,5 g) zu 142 Kalorien

Die Leber würfeln, mit kochendem Wasser übergießen und 1 Minute ziehen lassen. Das Wasser abschütten, die Leber abtropfen lassen und in der Speisestärke wälzen. Die Sojasauce mit dem Zucker verquirlen und über die Leber gießen. Den Lauch putzen und in knapp zentimeterbreite Scheiben schneiden. Das Öl in der Pfanne erhitzen, die Leber hineingeben, 1 Minute unter Schütteln braten, den Lauch dazugeben, 2 Minuten weiter schütteln oder rühren, mit Salz würzen und weitere 2 Minuten braten. Servieren.

170
Kalorien

Römischer Lauchsalat 1 Portion

500 g Lauch · 1 Eßlöffel Zitronensaft · 3 Teelöffel Distel-Öl · Salz Pfeffer

Die geputzten Lauchstangen in Scheiben schneiden, 10 Minuten in gesalzenem Wasser kochen, sorgfältig abtropfen lassen und noch warm mit Zitronensaft und Öl beträufeln. Den Salat salzen und pfeffern. Köstliche Beilage zu einem Steak oder einem Hacksteak aus Beefsteak-Tatar, das mit einigen gehackten Kapern vermengt wurde.

Gemüse-Schlußbemerkung: Dünsten Sie Chicoréestauden (der Länge nach halbiert) oder dicke Gurkenscheiben in wenig gekörnter Brühe und überstreuen Sie die Portion mit 1 gestrichenen Eßlöffel Parmesankäse. Das sind bei 4 Chicorées (500 Gramm) 150 Kalorien, bei 1 Kilo Gurken genauso viel. Grillen Sie halbierte Tomaten, halbierte Chicorées, dicke Gurkenscheiben oder halbierte Steinpilze (dünn mit Öl bepinselt = 500 Gramm = 175 Kalorien) oder backen Sie sie im Ofen auf dem Blech. Das dauert aber länger als das Grillen.

Leckere Zwischenmahlzeiten und Schlemmereien

400
Kalorien

Sie können als Abmagerling auch richtig schlampampen. So habe ich mich einmal ordentlich mit Austern verwöhnt: 1½ Dutzend plus eine Scheibe Anisbrot (30 Gramm) plus 5 Würfelchen Chesterkäse (30 Gramm) plus 5 Gramm Butter plus 1 Glas Chablis = 400 Kalorien. Und ich fühlte mich wie ein König.

Krabbenomelett mit Dill. Rezept auf Seite 103. Geräucherte Forellenfilets mit Meerrettich-Joghurt, Portion zu 150 g = 230 Kalorien. ▷

Man kann das natürlich auch billiger haben. Indem man eine große Portion Muscheln ißt.

400
Kalorien

Meine Muscheln 1 Portion

1500 g Miesmuscheln (etwa 500 Gramm Muschelfleisch)
1 große Zwiebel in Ringen · grobgemahlener Pfeffer · 1 Lorbeerblatt
Mit einer dünnen Scheibe Roggenbrot

Die Muscheln putzen und schrubben. Die Zwiebel mit wenig Wasser in einen großen Topf geben (1 Pfund Muscheln = 1 Liter Rauminhalt) erhitzen und glasig werden lassen. Den Pfeffer und das Lorbeerblatt dazugeben. Die Muscheln hineinschütten und 5 Minuten bei starker Hitze zugedeckt unter häufigem Rütteln und 10 Minuten bei milder Hitze ziehen lassen. Dann haben sich alle Muscheln geöffnet. Der Sud ist sparsam, aber reiner Meeresgenuß. Die Muscheln sind fast ohne Fettgehalt (770 Gramm Fleisch enthalten nur 10 Gramm Fett).

162
Kalorien

Schneckensalat 1 Portion

1 bis 2 Dutzend Schnecken (aus der Dose) · 4 Eßlöffel Weinessig
5 Teelöffel Öl · 1 sehr fein gehackte Zwiebel · Salz · Pfeffer
Knoblauchpulver

Die abgetropften Schnecken mit den Zutaten gut vermengen und 15 Minuten ziehen lassen.

300
Kalorien

Krebse aus der Hand 1 Portion

8 Krebse zu je 90 g · Wasser · etwas Salz · Dill
Dazu 1 Scheibe Weißbrot = 90 Kalorien

Die Krebse in sprudelnd kochendes Wasser ohne Salz werfen. Nach einer Minute herausnehmen und mit ganz wenig leicht gesalzenem Wasser in einem zugedeckten Topf 5 Minuten dämpfen. So behalten sie ihr volles Aroma, das Fleisch ist fest und knappig. Aus der Hand essen. 100 Gramm Krebsfleisch hat nur 71 Kalorien.
Sind die Krebse tiefgekühlt und gekocht, auftauen lassen, dann vorsichtig erwärmen. Sind sie tiefgekühlt und roh: unaufgetaut 20 Minuten in den siedenden Sud legen.

◁ Roter Blumenkohl. Rezept auf Seite 107.

165
Kalorien

Grapefruits mit Fisch 4 Portionen

2 Grapefruits · 4 Stauden Bleichsellerie · 1 Teelöffel Maggi
3 Teelöffel fertige italienische Salatsauce · 1 Eßlöffel Grapefruitsaft
Salz · 2 Tropfen Tabasco
400 g zerpflückter Räucherfisch (am besten Seelachs)
50 g grüne spanische Oliven
Dazu 2 Scheiben gebräunten slank-Toast (= 140 Kalorien)

Die Grapefruits halbieren, das Fleisch mit einem scharfen Messer herauslösen, von den Häuten befreien und dabei etwas Saft auffangen. Den Stangensellerie in feine Streifen schneiden, mit dem Maggi, der italienischen Salatsauce, dem Grapefruitsaft, dem Salz, dem Tabasco, dem Räucherfisch und dem Fruchtfleisch mischen und 10 Minuten ziehen lassen. Die Oliven hauchdünn schneiden, über den Salat streuen, den wir in die Grapefruitschalen füllen.

158
Kalorien

Tomaten-Aspik für viele Fälle

3/8 Liter Tomatensaft · Wasser · Salz · 1/2 Teelöffel Zucker
einige Tropfen Tabasco · Wasser · 1 Eßlöffel Zitronensaft
7 Blatt Gelatine

Den Tomatensaft mit Wasser auf 1/2 Liter ergänzen, erwärmen und mit den Gewürzen abschmecken. Die Gelatine auflösen, zum warmen Saft geben und fast erkalten lassen. Den Saft in flache, leicht geölte Schüsseln gießen und in den Kühlschrank stellen. Mit spitzem Messer nach dem völligen Erstarren rundum lösen, kurz in warmes Wasser tauchen, stürzen und mit feuchtem Messer in Würfel schneiden. Die Würfel servieren wir zu: 1. Kopfsalat, der mit Joghurt-Marinade angemacht wurde, 2. in entfetteter eiskalter Bouillon oder Instant-Brühe, 3. zu Scheiben von geräucherter Puterbrust oder Lachsschinken, 4. mit in Zitronensaft gebeizten, mit Dill bestreuten Krabben, 5. einem mit viel gehackten Kräutern verrührten und mit Magerjoghurt oder Buttermilch cremig gerührten Quark.
Variante: Wenn wir statt Tomatensaft Sangrita nehmen, wird die Sache pikanter, man muß aber etwa 50 Kalorien dazuzählen.

Sehr preiswert können Sie sich so mit Eiweiß versorgen:

300
Kalorien

Rettich-Quark 1 Portion

250 g Magerquark · 6 Eßlöffel Buttermilch · 2 mittelgroße Rettiche
etwas zerdrückter Koriander · 1 Eßlöffel feingehackte Zwiebel
ganz fein geschnittener Schnittlauch · Salz

Den Quark mit der Milch verrühren und mit dem Koriander, der Zwiebel, dem Schnittlauch und Salz mischen. Den Rettich raffeln, salzen, »weinen« lassen, ausdrücken und mit dem Quark mischen. Den Rettich-Quark vor dem Servieren kühl stellen. Wollen Sie es noch herzhafter, dann legen Sie zwischen Knäckebrot (= 29 Kalorien) und Quark 1 Scheibe Emmentaler (= 25 Gramm = 104 Kalorien).

395 Kalorien

Rühreier spezial 1 Portion

2 ganze Eier · 1 Eiweiß · zusammen 2 Eßlöffel gehackter Kerbel gehackte Petersilie · gehackter Schnittlauch · gehackter Estragon 2 Eßlöffel Magerquark · 1 Eßlöffel geriebener Parmesankäse 50 g feingewürfelter Lachsschinken · Pfeffer · Salz

Die Eier leicht miteinander verquirlen, alle anderen Zutaten dazugeben und gut durchrühren (Handmixer oder Schneebesen). In die leicht ausgefettete, heiße kunststoffbeschichtete Pfanne geben und die Masse zerreißen, wenn sie zu stocken beginnt. Die Eier weiterbraten, bis sie ganz angezogen haben. Eine geschnittene Tomate mit Pfeffer bestreut ist eine gute Ergänzung.

370 Kalorien

Seelachsfilet mit Kraftsauce 1 Portion

250 g Seelachsfilet · Zitronensaft · Salz · 1/8 Liter Wasser 1/2 Teelöffel Instant-Brühe · 125 g Magerquark · 2 Eßlöffel Milch 1 bis 2 Eßlöffel geriebener Meerrettich · 1 Prise Salz · 1 Prise Zucker 1 Teelöffel gehackter Schnittlauch

Die Filets waschen, abtrocknen, mit Zitrone betropfen, etwas salzen und mit wenig angerührter Brühe bei schwacher Hitze in 15 Minuten gar ziehen lassen.
Den Quark mit Milch und Meerrettich zu einer Creme verrühren und mit den Gewürzen und dem Schnittlauch abschmecken. Den Quark über dem Fisch servieren. Damit haben Sie 66 Gramm Eiweiß zu sich genommen, genau Ihren Tagesbedarf, wenn Sie 66 Kilo schwer sind.

Bei der Brigitte-Diät hat mir dieser bunte Teller so gut gefallen. Er besticht durch seine geschmackliche Abwechslung.

320 Kalorien

Bunter Teller 1 Portion

10 Cräckers · 1 hartgekochtes Ei · 3 Stück Anchovisfilets 1 Eßlöffel deutscher Kaviar · 1 Eßlöffel Tomaten-Paprika aus der Dose

1 Eßlöffel Magerquark · 1 Scheibe Lachsschinken
1 Eßlöffel süßsauer eingelegter Kürbis · 2 Cornichons
1 aufgeschnittene Tomate · Pfeffer und Salz

Die Cräcker mit Eischeiben und Anchovis, mit Eischeiben und Kaviar, mit Tomaten-Paprika und Quark und Lachsschinken belegen, würzen und mit Kürbis, Cornichons und Tomaten dekorieren.

338
Kalorien

Hummer- oder Langusten-Cocktail 1 Portion

150 g Hummer-, Langusten- oder Crabmeat-Fleisch, frisch gekocht, tiefgekühlt oder aus der Dose
1/2 Eßlöffel Weinbrand · 1/2 Eßlöffel Zitronensaft · etwas Salz
etwas getrockneter Dill · 2 Salatblätter
1 Teelöffel Tomaten-Ketchup
2 Eßlöffel Joghurt · 1 abgezogene und gewürfelte Tomate
1 Scheibe Vollkornbrot · 5 g Butter

Das Krustentierfleisch in Stückchen schneiden oder zerteilen, mit dem Weinbrand, Zitronensaft, Salz und Dill marinieren und 5 Minuten ziehen lassen. Ein Glas mit den Salatblättern auskleiden und das Fleisch hineingeben. Tomaten-Ketchup, Joghurt und Tomatenstückchen mischen, darübergeben, servieren und genießen!

354
Kalorien

Suppen-Snack mit Sardinen 1 Portion

1 Scheibe Graubrot von 40 g · 5 g Butter
1 geriebener mittelgroßer Apfel · 50 g abgetropfte Ölsardinen
1 Teelöffel Tomaten-Ketchup
1 Olive · 1 Teelöffel gehackte Petersilie
Hühnersuppe aus dem Päckchen · 1/4 Liter Wasser

Das Brot mit Butter bestreichen, darauf den geriebenen Apfel häufen und darauf die Sardinen legen. Das Brot mit Ketchup-Tupfern, Olivenscheibchen und Petersilie dekorieren. Die Hühnersuppe nach Vorschrift bereiten und zum Brot servieren.

Psychologische Anmerkung: Diese Rezepte mit Dingen (zum Beispiel Sardinen), die in normalen Abmagerungskuren verboten sind, bringe ich bewußt. Sie sollen zeigen – schon im Hinblick auf Ihr weiteres normalgewichtiges Leben –, daß alles erlaubt ist, wenn man es nur in Maßen genießt.

200
Kalorien

Sauerkraut-Rettich-Salat 1 Portion

200 g Sauerkraut · 1 großer Apfel · 1 Eßlöffel Zitronensaft · 1 Rettich
5 Eßlöffel Mager-Joghurt · Salz · 1 Prise Zucker

Das Sauerkraut (nicht waschen) schneiden. Den Apfel raspeln und mit Zitronensaft beträufeln. Den Rettich hobeln und salzen. Aus Joghurt, Salz und Zucker eine Marinade rühren. Alle Zutaten gut miteinander mischen und auf grünen Salatblättern anrichten.

Bei Fleisch sollten wir uns neben den obligaten Steaks, die so mager gar nicht sind – Filetsteak = 126 Kalorien; Rumpsteak = 254 Kalorien; Porterhouse Steak = 297 Kalorien; Kluftsteak = 205 Kalorien, jeweils pro 100 Gramm gerechnet, und Sie wissen ja, daß ein gutes Steak mindestens 200 Gramm haben sollte –, vor allem die Innereien ansehen. Sie sind, neben Geflügel (Puterbrust und -schlegel, Hähnchen), Wild, Kaninchen und Kalbfleisch die kalorienärmsten Fleischsorten. Hier kommt mit Sicherheit der Einwand: »Innereien haben ja noch mehr Cholesteringehalt als Butter!« Das stimmt: Bries hat etwa soviel wie Butter (Gramm auf Gramm gerechnet), 100 Gramm Kalbsleber soviel wie ein Hühnerei und dazwischen liegen die Nieren. Herz ist cholesterinarm. Doch da man sich über die Cholesterin-Auswirkungen innerhalb der Ernährungslehre noch streitet, würde ich empfehlen: wer nicht unter zu hohem Cholesterinspiegel leidet, sollte beim Abnehmen auf die so praktischen und guten Innereien nicht verzichten.

338
Kalorien

Bries auf meine Art 1 Portion

250 g Kalbsbries · Wasser · Salz · 2½ Teelöffel Popps Slim-Öl (Distelöl)
1 bis 2 Eßlöffel Kapern · Salz · Pfeffer

Das Bries wässern, Häute entfernen und in siedendem Salzwasser 10 Minuten blanchieren. Das Öl heiß werden lassen, das Bries in Scheiben schneiden und darin braten. Die Kapern dazugeben und mitbraten. Eventuell 2 Eßlöffel Streuwürzenbrühe angießen, salzen, pfeffern und servieren.

380
Kalorien

Schweineniere feine Art 1 Portion

200 g Schweineniere · 10 g Margarine · Salz · Pfeffer
100 g frische Champignons · 1 Eßlöffel Weinbrand · 1 Teelöffel Senf
1 Eßlöffel Joghurt

Die geputzte Schweineniere in dünne Scheiben schneiden und in der heißen Margarine von beiden Seiten braten. (Sie sollen nicht mehr blutig sein.) Salzen und pfeffern, die dünngeschnittenen Champignons dazugeben und weiterbraten, bis alle Flüssigkeit verdunstet ist. Den Weinbrand angießen (anzünden, wenn Sie wollen), den mit Senf verrührten Joghurt zugeben und noch einmal aufkochen lassen.

360
Kalorien

Schweineniere einfache Art 1 Portion

200 g Schweineniere · 2 Teelöffel Öl · 1 gehackte Zwiebel
6 Eßlöffel gekörnte Brühe · Salz · Pfeffer · 1 Teelöffel Diät-Mehl
4 Eßlöffel Weinessig · 1 Eßlöffel gehackte Petersilie

Die geschnittene Niere in Öl anbraten, die Zwiebel dazugeben, alle Flüssigkeit anschütten und köcheln lassen. Dann Sauce mit Diät-Mehl binden, mit Essig, Salz und Pfeffer abschmecken und mit Petersilie bestreuen. Nehmen Sie bei beiden Rezepten Kalbsnierchen, dann dürfen Sie nur 150 Gramm verwenden, da Kalbsnieren mehr Kalorien haben.

350
Kalorien
pro Portion

Rinderherz in Scheiben 4 Portionen

1 Kilo Rinderherz · 1 Bund Suppengrün · 1 Zwiebel · 2 Nelken
Wasser · Salz · 1 Eßlöffel Öl · Zitronensaft · Meerrettich

Das vom Fett befreite Herz mit dem Suppengrün und der mit Nelken besteckten Zwiebel in so viel Wasser aufsetzen, daß das Herz gerade bedeckt ist, salzen und knapp 2 Stunden leise kochen lassen. Das Herz herausnehmen, in Scheiben schneiden, mit Öl bepinseln und im Grill rösten, auf der Pfanne braten oder den Scheiben im Kontaktgrill Farbe geben. Mit Zitronensaft verrührten Meerrettich dazu servieren.

390
Kalorien
pro Portion

Bayerisches Beuscherl, schlank 5 Portionen

500 g Kalbsherz · 1000 g Kalbslunge · 1 Zwiebel · 1 Bund Suppengrün
1 Lorbeerblatt · Salz · 30 g Diät-Mehl · 30 g Margarine
1 Eßlöffel gehackte Petersilie · etwas Zitronenschale · Thymian · Pfeffer
1 Eßlöffel Joghurt · 1 Teelöffel Senf · etwas Zitronensaft

Das Herz und die Lunge mit der Zwiebel, dem Suppengrün und dem Lorbeerblatt in gesalzenem Wasser weich kochen. Die Lunge herausnehmen und beschweren, bis aller Sud herausgepreßt ist. Die Lunge und das Herz in nudelfeine Streifen schneiden. In einem Topf das Mehl in Margarine anrösten, bis es hellblond ist, die Petersilie und die feingeschnittene Zitronenschale dazugeben. Mit $^1/_2$ Liter abgeseihter Kochbrühe ablöschen und 10 Minuten köcheln lassen. Das Fleisch hineingeben, mit Thymian und Pfeffer würzen und weitere 10 Minuten köcheln lassen (Anbrenngefahr!). Mit Joghurt, Senf und Zitronensaft abschmecken. Grüner Salat ist gut dazu. Läßt sich portionsweise auch gut einfrieren.

380
Kalorien
pro Portion

Gefüllte Kartoffeln 4 Portionen

12 neue große Kartoffeln · Salz · Alu-Folie · etwas Öl
200 g Magerquark · 4 Eßlöffel Milch · Petersilie · Schnittlauch · Kresse
Edelsüßpaprika · 1 große Zwiebel · 125 g Geflügelwurst
3 Eßlöffel eingelegte Tomatenpaprikastreifen · Pfeffer
1 Eßlöffel Weinessig · 1 Eßlöffel Öl
Zum Garnieren: Radieschen · 1 Paprikaschote · 12 Oliven

Die gut gewaschenen, ungeschälten Kartoffeln mehrmals mit einer Gabel anstechen, in leicht geölte Alu-Folie wickeln. Im Ofen bei 200 Grad 45 Minuten backen. Herausnehmen, aus der Folie wickeln und etwas aushöhlen. Wir machen 3 Füllungen: 1. Hälfte des mit Milch verrührten Quarks mit Petersilie, Schnittlauch und Kresse verrühren. 2. Restlichen Quark mit geriebener halber Zwiebel und reichlich Paprikapulver mischen. 3. Wurst, halbe Zwiebel und Paprikastreifen klein würfeln, mit Essig und Öl anmachen. Die Kartoffeln so füllen, daß jeder 3 Sorten bekommt. Hübsch als Tellergericht garnieren!
Hier für alle Kartoffel-Fans, denen in fast allen anderen Abmagerungsvorschriften dieses leckere Erdgemüse verboten wird, noch ein Rezept.

300
Kalorien
pro Portion

Rosmarinkartoffeln 4 Portionen

1 Kilo junge Kartoffeln · 2 gestrichene Eßlöffel Butterschmalz · Salz
Pfeffer · Muskatnuß · 3 Teelöffel kleingeschnittener Rosmarin

Die Kartoffeln waschen und bürsten. Mit einem Hobel in hauchdünne Scheiben schneiden, in einem Tuch oder Küchenkrepp gut trocknen. Einen Eßlöffel Butterfett in mittelgroßer Pfanne zerfließen lassen, die gewürzten, mit Rosmarin vermischten Kartoffeln hineingeben und mit einer Bratschaufel zu einem festen Kuchen formen. Restliches Fett in Flocken daraufsetzen. Auf großem Feuer anbraten, dann klein stellen, zudecken und etwa 40 Minuten ohne umzurühren sanft braten lassen. Prüfen, ob die Kartoffeln gar sind. Auf runde Platte stürzen. Soll wie ein hellgelber Kuchen aussehen.

200
Kalorien
pro Portion

Spreewälder Gurkengemüse 2 Portionen

1 Kilo Gurken · etwas Mehl oder Diät-Mehl · 20 g Reform-Margarine
$^1/_8$ Liter klare Fleischsuppe · 1 geriebene Zwiebel

2 abgezogene, kleingeschnittene Tomaten · etwas Weinessig · Salz Prise Zucker oder Süßstoff · 1 Eigelb

Die Gurken schälen, halbieren, Kerne entfernen, grob zerschneiden, in Mehl wenden. Im Fett hellbraun werden lassen, mit der Brühe angießen. Alle übrigen Zutaten dazurühren, pikant abschmecken. So lange schmoren, bis die Gurken weich, aber nicht zerfallen sind. Mit dem Eigelb die Sauce binden.
Lassen Sie das Eigelb weg und nehmen Sie nur 10 Gramm Margarine, dann haben Sie 100 Kalorien eingespart. Das Puterschnitzel dazu kann etwas größer ausfallen oder durch ein Filetsteak ersetzt werden.

Desserts ohne Reue

Wer magern will, braucht auf Süß nicht zu verzichten. Da Zucker eine Menge Kalorien hat (2 gestrichene Teelöffel = 40 Kalorien, 1 gehäufter Eßlöffel = 78), nehmen wir entweder Süßstoff oder aber begnügen uns mit entsprechend kleinen Dessert- oder Süßspeisenportionen wie im folgenden Rezept:

160
Kalorien

Zabaione 1 Portion

1 Eigelb · 1/2 Eischale voll Zucker · 1/2 Eischale voll Marsala

Alle Zutaten miteinander gut verrühren, die Rührschüssel ins Wasserbad stellen und so lange mit dem Schneebesen schlagen, bis die Masse cremig wird. (Sie darf nicht kochen.) Das Dessert vom Herd nehmen und warm in einem Glas oder einer Kaffeetasse servieren.

320
Kalorien
je Riesenportion

Feine Quarkspeise 2 Riesenportionen (Bild gegenüber)

500 g Magerquark · 300 g Himbeeren · 1 Päckchen Vanillezucker 2 bis 3 Eßlöffel Milch

Den Quark mit den Himbeeren (man kann auch tiefgekühlte nehmen, darauf achten, daß sie nicht gezuckert sind, antauen lassen), dem Zucker und der Milch im Mixer gut verquirlen. Sehr kalt servieren (bei Tiefkühlhimbeeren sofort), sonst 1/2 Stunde ins Tiefkühlfach stellen.

Zitronengelee Null Null (Seite 121), Feine Quarkspeise (Rezept auf dieser Seite) und ein Fertigpudding (mit Milch, 125 g = 100 bis 110 Kalorien). ▷

75
Kalorien
pro Portion

Magere Joghurtspeise 4 Portionen

2 Becher Mager-Joghurt
6 Süßstofftabletten oder die gleiche Menge flüssiger Süßstoff
2 Päckchen Vanille-Zucker · 1 Päckchen gemahlene Gelatine
3 Eischnee

Den Joghurt mit dem gelösten Süßstoff und dem Vanillezucker kräftig mit dem Schneebesen schlagen. Die nach Vorschrift gelöste Gelatine unter ständigem Rühren langsam daruntergeben. Den sehr steif geschlagenen Eischnee unterheben, in eine eiskalte, gut ausgespülte Schüssel gießen und über Nacht in den Kühlschrank stellen. Wenn wir diese Speise noch mit 200 Gramm Himbeeren dekorieren und »aufwerten«, müssen wir pro Kopf 20 Kalorien dazuzählen.

150
Kalorien
pro Portion

Quarkspeise mit Sauerkirschen 2 Portionen

1/8 Liter Milch · 7 g Speisestärke · 1 Ei · 15 g Sionon
etwas abgeriebene Zitronenschale · 100 g Magerquark
100 g Sauerkirschen

Die Milch aufkochen und mit der in wenig Wasser angerührten Speisestärke binden. Das Ei in Eigelb und Eiweiß trennen. Das Eigelb mit dem Süßstoff und der Zitronenschale verquirlen und den Quark und die Flammerimasse dazurühren. Das Eiweiß zu steifem Schnee schlagen und unterheben. Die Kirschen entsteinen, in Portionsschalen füllen und die Speise darübergeben. Sie können die Kirschen auch vorher dünsten.

fast ohne
Kalorienwert

Zitronengelee Null Null 4 Portionen (Bild auf Seite 119)

8 Eßlöffel Zitronensaft · 1/4 Liter Wasser
Assugrin oder Sionon nach Geschmack · 2 gehäufte Teelöffel Nestargel

Den Zitronensaft, das Wasser und den Süßstoff mit dem Nestargel knapp zum Kochen bringen, noch heiß in Portionsschalen füllen und erkalten lassen. Sehr erfrischend, wenn gut kalt serviert.

ohne
Kalorienwert

Zimt-Creme Null Komma Null 2 Portionen

2/10 Liter Wasser · 1 gehäufter Teelöffel Nestargel
Süßstoff nach Geschmack · 1 gestrichener Teelöffel Zimt

◁ Diverse Frühstücksvorschläge. Rezepte auf den Seiten 128–130.

Das kalte Wasser in eine Schüssel geben, das Nestargel dazusieben und mit dem Schneebesen gut unterschlagen. Mit Süßstoff süßen und mit dem gemahlenen Zimt würzen. In Portionsschalen geben, in den Kühlschrank stellen.
Mit Magermilch statt Wasser hat die Doppelportion 72 Kalorien.

115
Kalorien
pro Portion

Sauerkirschen-Auflauf 2 Portionen

2 Eigelb · Saft 1/4 Zitrone · etwas geriebene Zitronenschale,
Süßstoff nach Geschmack · 1 gestrichener Eßlöffel Nestargel
2 Eiweiß zu steifem Schnee geschlagen
100 g ungesüßte Sauerkirschen oder Diät-Schattenmorellen
einige Tropfen Öl

Die Eigelb mit dem Zitronensaft, der Zitronenschale und dem Süßstoff schaumig rühren. Das Nestargel zu dem steif geschlagenen Eiweiß sieben. Schnee, Eigelb und Kirschen vorsichtig miteinander vermengen. Eine Auflaufform ganz dünn einölen, Masse einfüllen und bei 220 Grad in 20 bis 30 Minuten backen. Statt Sauerkirschen können Sie auch geraffelte Äpfel nehmen.

114
Kalorien
pro Portion

Kindertraum 4 Portionen

500 g Erdbeeren, frisch oder tiefgekühlt · 1 Eßlöffel Assugrinpulver
100 g Orangensaft · 100 g Banane · Saft 1/4 Zitrone
2 Becher Mager-Joghurt

Erdbeeren halbieren, mit Orangensaft, in dem Süßstoff aufgelöst wurde, übergießen. Banane in dünne Scheiben schneiden, mit Zitronensaft beträufeln, darunterheben. 1/2 Stunde ziehen lassen. Auf Portionsschüsseln verteilen, den eiskalten Joghurt gut rühren und darübergießen. – Wenn Sie dies Dessert zur Mahlzeit machen wollen und 10 Gramm Cornflakes = 3 Eßlöffel voll, darüberstreuen, müssen Sie 36 Kalorien dazu addieren.

176
Kalorien

Mokka-Quark 1 Portion

100 g Magerquark · 1 Teelöffel Nescafé · 10 g Nesquik Kakao
5 g Zucker · 10 g geschlagene Sahne

Den Quark mit dem Nescafé, dem Nesquik und dem Zucker verrühren, die Schlagsahne unterheben. Den Mokka-Quark gut durchkühlen lassen und anrichten.
P. S. 125 Gramm Fertigpudding (= 1 Portion) mit Milch zubereitet, enthalten etwa 100 bis 110 Kalorien, mit Wasser 50–60 Kalorien. Sie können ihn gut in die Abmagerei einbauen!

Die Magermacher-Helfer

Wer abnimmt und später weiter gesund und richtig essen möchte – was fettarm bedeutet –, der sollte einen Römertopf, einen Dampftopf, eine kunststoffbeschichtete Pfanne und immer Alu-Folie im Hause haben. In ihnen kann man fettarm bis fettfrei kochen, braten, dünsten und erhält sich (vor allem im Dampftopf) alle Nährstoffe und Vitamine optimal. Daß alle auch noch das Kochen vereinfachen, sei nur nebenbei erwähnt. Inzwischen gibt es in deutschen Haushalten über 2 Millionen Römertöpfe. Deshalb brauche ich über die grundsätzliche Benutzung nichts zu sagen. Hier sind nur drei typische Rezepte. Das erste habe ich erfunden.

400
Kalorien
pro Portion

Römer-Kohl 4 Portionen

1 Wirsing von 1000 g · 200 g durchgedrehtes Lammfleisch (Grat)
200 g kleingeschnittenes Corned Beef · 1 Ei · 50 g Semmelbrösel · Salz
Majoran · Pfeffer · etwas Milch
300 g nicht zu säuerliche Tomaten in Scheiben
100 g Schmelzkäse (20 % Fett i. Tr.) in Scheiben
1 Joghurtbecher halb Wasser, halb Sangrita picante

Aus dem Wirsing mit spitzem Messer den Strunk entfernen, den Kopf zerblättern und 10 Minuten in kochendem, gesalzenem Wasser blanchieren. Einen Römertopf gut naß machen und mit Wirsingblättern so auslegen, daß sie über den Rand hängen. Weitere 2 bis 3 Wirsingblätter beiseite legen, den Rest streifig schneiden und von der Hälfte im Topf ein Bett machen. Aus Fleisch, Ei, Semmelbröseln, Gewürzen und Milch einen Hackbraten mischen und formen und auf den Wirsing legen. Darauf kommen die Tomaten und der Käse. Die restlichen geschnittenen Wirsingblätter darauflegen, mit den ganzen Blättern abdecken und die überhängenden Blätter darüberschlagen. Die scharfe Brühe aus Wasser und Sangrita darübergießen, den Römertopf schließen und im Backofen bei 200 Grad 2 Stunden backen. Serviert wird der Römer-Kohl im Topf. Die ganze Roulade läßt sich gut in Alu-Folie wickeln und einfrieren. Sie wird dann im Römertopf bei 180 Grad in einer halben Stunde wieder servierbereit erhitzt.

110 Kalorien

Die besten Champignons der Welt 1 Portion

500 g frische Champignons · Pfeffer · Salz
Plus 1 Scheibe getoasteter slank-Toast = 80 Kalorien

Die Champignons putzen und waschen, möglichst ganz lassen oder nur halbieren. Den Römertopf naß machen. Die Pilze hineingeben und leicht pfeffern (möglichst mit weißem Pfeffer). Die Pilze im Backofen bei 200 Grad 90 Minuten braten, danach leicht salzen. So duftende, pikant scharf schmeckende Champignons haben Sie noch nie gegessen. Trinken Sie auch das Täßchen voll brauner Brühe, die sich in der Form gesammelt hat. Es ist ein köstliches Süppchen.

350 Kalorien

Hase im Kohl 1 Portion

1 Hasenkeule (200 g) · 250 g junger Wirsing · 4 Eßlöffel Tomatensaft
2 Wacholderbeeren · Thymian · 3 Eßlöffel Joghurt · Salz

In den angefeuchteten Römertopf die Hasenkeule auf ein Bett von kleingeschnittenem Wirsing legen. Mit Tomatensaft die Keule übergießen, die Gewürze und den Joghurt dazugeben und bei 200 Grad 2 Stunden lang backen.

Leider ist in unseren Haushalten der Dampftopf nach wie vor ein Stiefkind. Vielleicht, weil sich die Frauen vor ihm fürchten. Dabei sind die heutigen Modelle absolut sicher und problemlos, wenn man sich mit ihnen vertraut gemacht hat. Das Wichtigste ist ungemeine Zeitersparnis: rote Bete (statt 50 nur 20 Minuten), Paprikaschoten (statt 30 nur 7 Minuten) oder Zwiebeln (statt 20 nur 5) und dadurch Erhaltung aller gerade bei einer Abmagerung so wichtigen Vitamine.
Bei Kartoffeln werden im Drucktopf 80 Prozent Vitamin C erhalten, gegenüber nur 40 beim normalen Pellkartoffel-Kochen. Bei Sauerkraut ist das Verhältnis 80 zu 55, bei Karotten (Provitamin A) 74 zu 60. Ich finde, das sind Zahlen, die gerade uns Abmagerer beeindrucken sollten. Genauso wenig laugen die Mineralsalze aus oder werden die Geschmackstoffe in die Luft gejagt. Wir können salzarm kochen, ohne daß das Essen wie »Zunge vor dem Fenster« schmeckt.
Versuchen wir es doch einmal!

375 Kalorien pro Portion

Serbisches Reisfleisch 4 Portionen

500 g Kalbsschulter · 1 Eßlöffel Sonnenblumenöl · 150 g Reis
1 Liter klare Fleischsuppe · 1 Paket Tiefkühlerbsen (250 g)

2 Eßlöffel Tomatenmark · 125 g Champignons
1 kleine scharfe Pfefferschote · Salz · Pfeffer · Oregano

Das gewürfelte Kalbfleisch im Schnellkochtopf im Öl rundum anbräunen, den Reis dazustreuen und glasig werden lassen. Mit der Brühe auffüllen, die unaufgetauten Erbsen dazugeben, das Tomatenmark unterrühren, die geschnittenen Champignons darüberstreuen und mit der gehackten (oder, falls getrocknet, zerkrümelten) Pfefferschote, wenig Salz, Pfeffer und Oregano würzen. Den Topf schließen, das Ventil auf die zweite Stufe stellen und rasch erhitzen. Nach 5 Minuten die Kochplatte zurückschalten: nach insgesamt 12 Minuten ist das Essen fertig. Der Topf wird abgekühlt und nach den Vorschriften Ihres Modells geöffnet.

Oder was halten Sie von diesem 15-Minuten-Menü aus Tiefgekühltem?

400
Kalorien
pro Portion

Fisch mit allem Drum und Dran 4 Portionen

1 Kilo Kartoffeln · Salz · 1 Paket tiefgekühlte Schollenfilets (500 g)
etwas Weißwein (2 Eßlöffel) · gehackte Petersilie
1 Paket tiefgekühlte Erbsen und Karotten (250 g)
Für die Sauce: 1 Becher Joghurt · 2 Teelöffel Zitronensaft
1 Prise Zucker · Salz · 1 Teelöffel geriebener Parmesankäse
2 Eßlöffel gehackte Kräuter · 10 g Margarine
Sie müssen nicht unbedingt 250 g Kartoffeln essen!

Die geschälten Kartoffeln mit 1/4 Liter Wasser und Salz in den Topf geben. Den Siebeinsatz hinein, darauf die unaufgetauten, voneinander gelösten Filets, mit Weißwein beträufelt, gesalzen und mit Petersilie bestreut. Darüber, in den geschlossenen Einsatz, die unaufgetauten Erbsen und Karotten geben und salzen. Den Topf schließen, bei starker Hitze rund 5 Minuten ankochen, bei schwacher Hitze in 10 Minuten fertig garen. In der Zwischenzeit den Joghurt mit dem Zitronensaft, dem Zucker, dem Salz, dem Parmesan und den Kräutern zu glatter Sauce schlagen. Tisch decken. Topf nach Vorschrift öffnen, Einsätze herausnehmen.
Fisch mit Sauce überziehen, Gemüse in Margarine schwenken und mit Petersilie bestreuen. Die Kartoffeln abgießen und ausdämpfen lassen. Einfacher, schneller und natürlicher schmeckend geht es nicht.
Das Gute bei dieser Zusammenkocherei in Einsätzen: durch den im Topf ruhenden Dampf- und Wärmedruck gibt es keinerlei Geschmacksübertragung. Man kann sogar Fisch und Süßspeise in verschiedenen Einsätzen im gleichen Topf kochen.

Die Alu-Folie haben wir schon bei der Tellerpäckchen-Methode kennengelernt. Man kann mit ihr fettfrei oder sehr fettarm kochen, denn die Zutaten garen im eigenen Saft, zerkochen nicht und brennen auch nicht an. Dadurch erhält sich das Eigenaroma gut. Man kann sehr leicht Ein-Personen-Portionen dosieren und sehr heiß servieren, da die Alu-Folie die Hitze lange hält, selbst aber an Stellen, wo sie nicht mit dem Inhalt in Berührung steht, so schnell abkühlt, daß man sie auch anfassen kann, ohne sich die Finger zu verbrennen.

Allgemeine Alu-Regeln

1. Immer ein genügend großes Stück Alu-Folie flach auf den Tisch legen. Die sogenannte »Tiefkühl-Folie« ist stärker.
2. Die Folie mit Öl bepinseln (genügt meist als Fett), die Zutaten darauflegen, zu einem lockeren Paket fest verschließen. Die Folie darf nicht zu eng anliegen, da sich zum Beispiel Fleisch zunächst in der Hitze ausdehnt.
3. Das Päckchen in den vorgeheizten Ofen oder in den Grill geben oder aber in wenig Wasser legen.
4. Es gibt 3 Verpackungsarten: Die »Block-Packung« für das Braten im Ofen – wird oben und an den Seiten zusammengeknifft. Die »Beutelpackung« für das Garen im Ofen oder in kochendem Wasser – wird von allen Seiten eingeschlagen und die vier Zipfel zusammengedreht. Die »Briefpackung« für den Grill – wird zusammengeklappt und an drei Seiten durch Einrollen fest verknifft. Das Päckchen soll möglichst keine Luft enthalten.

Hier ein schlankes Rezept:

250
Kalorien
pro Portion

Rehrücken in Silber 6 Portionen

1 Rehrücken von 1,5 Kilo · 4 Wacholderbeeren · 3 Teelöffel Öl · Salz Pfeffer · Thymian · Majoran

Den enthäuteten Rehrücken mit den zerriebenen Wacholderbeeren kräftig einreiben, mit dem Öl betropfen, fest in Folie einpacken und über Nacht kühl stellen. Am nächsten Tag auspacken, auf ein eingeöltes großes Stück Folie legen, gut würzen, einpacken (Blockpackung) und 45 Minuten bei 220 Grad braten. Die Folie öffnen und den Rücken noch gut bräunen lassen. Das geht schneller, wenn Sie 10 Gramm Butter mit einem Teelöffel Zucker verrühren und den Rücken damit bestreichen (plus 90 Kalorien – auf die ganze Menge gerechnet). Dazu schmeckt am besten gedünsteter Rosenkohl, pro Person 200 Gramm (84 Kalorien).

Ganz besonders eignen sich für Alu-Folie Fische wie diese

308 Kalorien

Kräuterforelle 1 große Portion

2 frische Bachforellen zu je 150 g
Saft 1 Zitrone · Salz · etwas Pfeffer
2 Streifen Zitronenschale (ungespritzt aus dem Reformhaus)
2 Petersilienzweige · etwas Rosmarin · Thymian · Dill
ein paar Tropfen Öl

Die Forellen abspülen und innen und außen mit Zitronensaft einreiben, mit Salz und Pfeffer würzen und 30 Minuten stehen lassen. In den Bauch je einen Streifen Zitronenschale sowie die Kräuter packen. 2 Stücke Alu-Folie schwach einölen, die Forellen einpacken (Briefpakkung) und auf dem Grill beidseitig je 7 bis 8 Minuten grillieren. Dazu eine mittelgroße, in Alu-Folie gebackene Kartoffel, 30 Minuten bei 220 Grad (50 Kalorien).

200 Kalorien

Gärtnermeisters Fenchel 1 Portion

1 Fenchelknolle (etwa 250 g) · Wasser
5 g Margarine · Thymian
Majoran · Estragon (oder 5 g fertige Kräuterbutter)
etwas Edelsüßpaprika · weißer Pfeffer
1 Scheibe magerer roher Schinken (30 g)

Den Fenchel putzen, etwas Grün beiseitelegen, die Knolle in kochendem Salzwasser etwa 15 Minuten kochen und abtropfen lassen. Die Margarine mit den Gewürzen mischen oder schaumig rühren und (oder die fertige Butter) auf den Schinken streichen. Den Fenchel damit umwickeln, mit etwas Grün in Alu-Folie packen (Brief) und im Ofen bei 220 Grad 10 Minuten backen. Die Folie öffnen und den Schinken 5 Minuten bei Oberhitze knusprig werden lassen.

Die vierte im Bunde der Magermacher-Helfer ist die kunststoffbeschichtete Pfanne. Die Beschichtung verhindert, daß etwas festklebt. Deshalb kann man in ihr fettlos braten. Zum Beispiel ein Spiegelei oder Reibekuchen, die dadurch sogar in die Abmagerung mit eingebaut werden können. Rezept sieht so aus

291
Kalorien

Reibekuchen für Magerer 1 Portion

200 g geriebene Kartoffeln · Salz · 2 Teelöffel Diät-Mehl · 1 Ei

Aus den Zutaten einen Teig bereiten. Die Pfanne heiß werden lassen, mit dem Löffel Kleckse hineinsetzen und sofort zu einem dünnen Kuchen ausbreiten. Den Kuchen von beiden Seiten Farbe nehmen lassen. Fetten Sie die Pfanne mit insgesamt 2 Teelöffeln Öl ein, so zählen Sie noch 40 Kalorien dazu.
Oder benutzen Sie das fertige Kartoffelpuffer-Pulver, das hat wahrscheinlich einige Kalorien weniger.
Wie ich schon sagte: eine kunststoffbeschichtete Pfanne oder ein beschichteter Topf zum fettlosen Anbraten von Fleisch sind beim Schlankwerden unerläßlich.

Einige Frühstücks-Ideen

Es ist für Sie und Ihre Abmagerei optimal, wenn Sie kein Frühstücksmuffel sind. Wenn Sie es schaffen, morgens 30 Prozent Ihres Tagesbedarfes zu essen (das sind bei unserer Mindestmenge von 1200 Kalorien immerhin 360), dann sind Sie gut dran. Schaffen Sie es trotz aller Umstellungsversuche nicht, dann nehmen Sie auf jeden Fall ein kräftiges zweites Frühstück zu sich. Für beide Fälle gebe ich Ihnen einige Rezepte, denn vom deutschen Nullachtfünfzehn-Frühstück Brötchen – Butter – Marmelade müssen Sie auf jeden Fall Abstand nehmen. Was auch rein kulinarisch gesehen kein Schade ist. Versuchen Sie doch einmal

412
Kalorien

Erdbeeren mit Cornflakes 1 Riesenportion (Bild auf Seite 120)

250 g frische Erdbeeren · 1/4 l Magermilch · 60 g Cornflakes
Mag Ihr Mann nicht mitessen, halbieren Sie die Zutaten

Über die gewaschenen Erdbeeren die Cornflakes streuen und die Milch (eventuell mit etwas Süßstoff gesüßt) darübergießen.
Dazu gibt es dann noch 1 Scheibe Knäckebrot, 5 Gramm Margarine, 50 Gramm Lachsschinken = 137 Kalorien. Dazu Kaffee oder Tee ohne Milch und Zucker.
Extra gesagt: Kaffee, Tee (schwarz oder Kräuter) sind kalorienfrei und brauchen nicht berechnet zu werden.

330
Kalorien

Eier-Frühstück 1 Portion

2 Eier · 1/2 Grapefruit · 5 g Fruchtzucker · 1 Scheibe Roggenbrot
5 g Margarine · Kaffee oder Tee

Die Eier entweder weich kochen und zusammen mit einem Teelöffel gehackter frischer Kräuter in ein Glas geben oder in der kunststoffbeschichteten Pfanne ohne Fett in etwas Brühe (1 Eßlöffel) braten. Die Grapefruithälfte mit dem Fruchtzucker bestreuen und das Roggenbrot mit der Margarine bestreichen.

340 Kalorien

Bircher-Benner empfiehlt als Frühstück 150 Gramm seines Müeslis (siehe S. 42) mit ungesüßter Kondensmilch oder mit Mager-Joghurt und etwas Honig, 1 Teelöffel geriebenen Nüssen, 1 Scheibe Vollkorn- oder Knäckebrot, als Aufstrich Quark.

230 Kalorien

Bei der Schroth-Kur gibt es zum Beispiel 1 Tasse schwarzen Tee, 1 gebuttertes Brötchen, 20 Gramm Hackfleisch mit Salz, Pfeffer und Paprika und zum zweiten Frühstück 1 großen Apfel.

500 Kalorien

Der Diätetiker Waerland empfiehlt 1 Becher Mager-Joghurt, dazu 250 Gramm Früchte nach Wahl, was einem Durchschnittswert von 200 Kalorien entspricht. Auch sein Vorschlag, den Saft von 3 Orangen zu trinken und 60 Gramm Nüsse dazu zu essen, erfordert schon eine starke Umstellung der bisherigen Eßgewohnheiten.

338 Kalorien

Mein Frühstück sieht so aus: Kaffee ohne Sahne mit Süßstoff, 1 Scheibe Knäckebrot, 1 Scheibe Vollkorn- oder Leinsamenbrot, 5 Gramm becel-Margarine, 1 Scheibe Geflügelwurst (20 Gramm), 1 Eßlöffel Quark (30 Gramm), 1 Teelöffel Honig, 1 Glas Orangensaft (= 200 Gramm). Dreimal in der Woche kommt noch 1 weiches Ei (74 Kalorien) dazu.

400 Kalorien

Ein typisches Sonntagsfrühstück: Kaffee oder Tee, 2 Scheiben Vollkornbrot, 1 Teelöffel Butter, 1 weichgekochtes Ei, 50 Gramm Corned Beef, 1 Tomate.

480 Kalorien

Ein üppiges Frühstück: 1 Becher Magermilchjoghurt, mit Süßstoff gesüßt, über 125 Gramm entsteinte Sauerkirschen gegossen, 15 Gramm (1/2 Scheibe) zerkrümelten Pumpernickel darunter gerührt. Dazu 2 Scheiben Vollkornbrot, 15 Gramm Margarine, 15 Gramm Johannisbeergelee, 1 Scheibe Rinderzunge, Kaffee.

410 Kalorien

Ein Frühstück für Leute, die gerne frühstücken: 100 Gramm Beefsteak-Tatar mit Salz, Pfeffer, Paprika (Edelsüß- oder Rosen-) und Kapern angemacht. Dazu 1 Scheibe Vollkornbrot. 1 Scheibe Knäckebrot belegt mit 100 Gramm halb Quark, halb Cottage Cheese verrührt, entweder mit Kräutern oder mit Süßstoff abgeschmeckt; dazu Kaffee oder Tee.

350 Kalorien

Das ausgefallene Frühstück: 1/2 Melone (400 Gramm) und 100 Gramm Bündner Fleisch.

370 Kalorien

Das normale Frühstück: 1 Glas Marama (= Maracujasaft), Kaffee, 2 Scheiben Roggen-Vollkornbrot (80 Gramm), 1/2 Camembert (62,5 Gramm, 30% Fett i. Tr.).

310 Kalorien

Das eiweißreiche Frühstück: 100 Gramm Tomatensaft, 20 Gramm Knäckebrot, 5 Gramm Butter, 1 hartes Ei, 50 Gramm Hummer oder Langustinos, 1 Becher Magerjoghurt, 100 Gramm Ananas, Tee oder Kaffee.

Pakete für Frühstücksmuffel

270 Kalorien

Frühstück 1 zum Mitnehmen: 1 Scheibe Roggenbrot, 5 Gramm Margarine, 50 Gramm Roastbeef, 50 Gramm Paprikaschote in Streifen, 50 Gramm Salatgurke – in 4 Salatblätter gelegt.

368 Kalorien

Frühstück 2 zum Mitnehmen: 1 Scheibe Bauernbrot (30 Gramm), 1 Scheibe Knäckebrot, 100 Gramm Geflügelwurst, 1 Tomate, 1 hartgekochtes Ei, 1 Apfel.

300 Kalorien

Frühstück 3 zum Mitnehmen: 1 hartgekochtes Ei, 1 Scheibe Vollkornbrot, 1 Teelöffel Senf-Ketchup (zum Brotstreichen), mit Schnittlauch bestreuen, darauf 1 Tomate in Scheiben. 3 Eßlöffel Magerquark mit Salz, Petersilie und 1 Eßlöffel Milch verrühren, in einem Töpfchen dazupacken.

Merke: Wer Butter sparen will und auf Aufstrich nicht verzichten kann, cremig gerührter Magerquark macht Brote nicht so trocken.

Die »Anstatt«-Tabelle

Was Sie vermeiden sollten	Kal.	Was Sie »anstatt« essen können
1 großes Weißbrötchen	140	5 Scheiben Knäckebrot
1 Portion Nudeln (70 g)	273	400 g Pellkartoffeln
100 g Räucheraal	350	430 g Karpfen blau
100 g Gänsebraten	390	390 Stück Radieschen
1 Tellerchen Erdnüsse (50 g)	210	200 g Filetsteak
$1^1/_2$ Eßlöffel Mayonnaise (50 g)	350	1 ganzer Hummer
1 Tafel Milchschokolade (100 g)	550	11 Orangen à 100 g
1 Stück Sahnetorte (100 g)	345	2300 g Spargel
1 Eßlöffel Erdnußcreme (50 g)	305	5 große Äpfel
1 Eßlöffel Schlagsahne	36	6 Eßlöffel Vollmilch
100 g Mettwurst	541	380 g Lachsschinken
1 Stück Sandkuchen (50 g)	225	1,2 Kilo Melone
1 Marzipanbrot (100 g)	485	400 g Geflügelwurst
1 Portion Sahne-Eis	400	200 g Jocca mit 500 g Erdbeeren
1 doppelter Whisky	140	1 Kalbsschnitzel von 125 g
1 Eisbein (500 g)	1600	1 ganzer Rehrücken
1 Tüte Kartoffelchips	350	30 Gewürzgurken
2 Paranüsse	100	1 Becher Mager-Joghurt
1 Berliner Pfannkuchen	200	300 g Champignons
1 Glas Traubensaft (200 g)	148	2 Gläser Buttermilch
1 Portion Erbsen (250 g)	93	600 g Blumenkohl
$^1/_2$ Leberwurstbrötchen, dick gestrichen	372	$^1/_2$ gegrilltes Hähnchen
1 Bockwurst (115 g)	338	37 Tomaten (à 50 g)
100 g Roquefort-Käse	413	1000 g Himbeeren
$^1/_4$ Pizza mit Sardellen	580	1 ganzer Fasan

Diese Liste kann man beliebig fortsetzen. Ich habe Ihnen nur einige eklatante Beispiele vorgestellt, damit Sie lernen, auf die Genüsse der linken Spalte zu verzichten und vernünftig aus der rechten auszuwählen.

Das sollten Sie bevorzugt essen

100 g enthalten	Gramm Fett	Gramm Eiweiß	Milligramm Cholesterin	Kalorien
Buttermilch	0,5	4,0	0,4	36
Mager-Joghurt	1,0	5,0	3,0	34
Schmelzkäse	9,2	37,0	12,0	192
Magerquark	0,6	17,0	1,7	88
Hühner-Ei	11,2	11,0	400,0	147
Eiweiß	0,2	11,0	0	55
Lammkotelett	6,1	14,0	70,0	142
Kalbsfilet	1,4	20,0	90,0	105
Kalbshaxe	1,6	20,3	90,0	107
Kalbsschlegel	1,2	19,8	88,0	103
Kalbsschnitzel	1,8	20,5	90,0	108
Kalbsbries	3,4	17,8	290,0	108
Kalbsherz	7,6	17,0	150,0	129
Kalbshirn	8,6	9,0	3100,0	128
Kalbsleber	4,3	19,9	420,0	130
Kalbslunge	2,2	15,2	100,0	94
Kalbsniere	4,5	18,4	350,0	119
Kalbszunge	6,2	18,4	90,0	134
Rindsfilet	4,4	20,6	70,0	126
Rinderherz	6,0	17,6	140,0	133
Rinderleber	3,1	19,5	400,0	141
Schweineschnitzel	8,1	20,1	70,0	168
Schweineherz	4,8	17,4	180,0	122
Schweineleber	5,7	19,0	450,0	147
Schweineniere	5,2	18,3	320,0	125
Kaninchenfleisch	7,6	16,0	75,0	132
Fasan	1,9	22,3	60,0	111
Hase	1,1	23,0	70,0	107
Rehkeule	1,2	20,8	70,0	105
Rehrücken	3,5	28,2	70,0	140
Wildschwein	2,4	21,6	60,0	113
Hirschfleisch	3,3	20,7	70,0	123
Brathuhn	5,6	15,0	75,0	144
Huhn, Brust	0,9	38,1	70,0	109
Huhn, Schlegel	3,1	19,5	75,0	120
Hühnerleber	4,7	20,1	500,0	147
Corned Beef	6,0	22,0	125,0	153
Lachsschinken	4,0	25,0	100,0	140
Tatar	3,7	22,0	80,0	128
Wildgeflügel	3,0	13,0	60,0	81

100 g enthalten	Gramm Fett	Gramm Eiweiß	Milligramm Cholesterin	Kalorien
Roastbeef	2,8	25,5	70,0	131
Taube	4,1	27,4	65,0	155
Flunder	0,7	17,0	50,0	79
Forelle (Bach-)	2,1	20,0	60,0	104
Hecht	0,9	18,0	40,0	89
Heilbutt	5,2	21,0	60,0	131
Kabeljau (Dorsch)	0,3	19,0	30,0	78
Karpfen	7,1	18,0	65,0	151
Limande	0,9	16,5	50,0	85
Renke (Felchen)	3,2	20,0	58,0	108
Rotbarsch (Filet)	3,0	10,0	40,0	112
Schellfisch	0,1	10,0	30,0	85
Schleie	0,7	18,0	50,0	85
Scholle	0,8	16,0	45,0	83
Seelachs	0,8	12,0	30,0	88
Seezunge	1,4	16,0	50,0	90
Austern	1,2	9,0	150,0	71
Hummer	1,9	14,5	150,0	89
Krabben	1,3	15,8	150,0	87
Krebs	0,5	16,0	150,0	71
Miesmuscheln	1,3	9,0	130,0	72
Weinbergschnecken	1,4	16,3	60,0	82
Kaviar (deutsch)	6,4	16,3	300,0	135
Schellfisch (geräuch.)	0,5	21,2	35,0	102
Seelachs (geräuch.)	0,8	19,0	35,0	108
Apfel	—	0,4	—	58
Aprikose	—	0,9	—	50
Birne	—	0,4	—	56
Brombeeren	—	1,2	—	56
Erdbeeren	—	0,8	—	37
Grapefruit	—	0,6	—	36
Heidelbeeren	—	0,8	—	56
Himbeeren	—	1,3	—	40
Johannisbeeren	—	1,4	—	58
Kirschen	—	1,1	—	60
Mandarinen	—	0,8	—	44
Melone	0,1	0,8	—	30
Orange	—	0,9	—	45
Pfirsich	—	0,8	—	47
Pflaumen	—	0,7	—	50
Preiselbeeren	—	0,7	—	45

100 g enthalten	Gramm Fett	Gramm Eiweiß	Milligramm Cholesterin	Kalorien
Rhabarber	0,1	0,7	—	16
Quitten	—	0,3	—	52
Stachelbeeren	—	0,8	—	35
Wassermelone	—	0,5	—	28
Artischocken	0,1	2,0	—	40
Blumenkohl	0,3	2,5	—	32
Bohnen (Stangen)	0,2	2,6	—	38
Buschbohnen	0,2	1,8	—	25
Brunnenkresse	0,5	1,5	—	11
Champignons	0,2	4,9	—	33
Chicorée	0,2	1,8	—	19
Endiviensalat	0,5	1,3	—	25
Feldsalat	0,4	2,1	—	23
Grünkohl	1,0	2,0	—	23
Gurke	0,3	0,6	—	7
Kohlrabi	0,1	2,5	—	35
Kopfsalat	0,3	1,4	—	16
Kürbis	0,1	1,1	—	32
Lauch	0,4	2,4	—	36
Mangold	0,4	2,5	—	26
Paprika	1,0	1,5	—	38
Pfifferlinge	0,4	2,6	—	30
Radieschen	0,2	1,2	—	22
Rote Bete	0,1	1,3	—	34
Rotkohl	0,2	1,7	—	29
Sauerkraut	0,3	1,4	—	25
Spargel	0,1	2,0	—	19
Spinat	0,3	2,3	—	20
Steinpilze	0,2	2,0	—	27
Tomate	0,3	2,3	—	20
Weißkohl	0,2	1,5	—	25
Wirsing	0,5	2,7	—	36
Zuckererbsen	0,1	3,4	—	33

Der Markt der Magermacher

Was sind Low Calories?

Auf dem Mager-Markt heißt das Zauberwort Low Calories. Low Calories ist englisch, bedeutet wenig Kalorien und ist der Gattungsbegriff für eine immer größer werdende Gruppe von Lebensmitteln, die speziell kalorienarm hergestellt werden.
»Wer mich ißt, wird nicht dick!« – diese Botschaft verheißen immer mehr Produkte und nennen sich »Schlankkost«. Doch was so heißt, muß nicht unbedingt so sein, denn es gibt noch keine gesetzlichen Bestimmungen, was nun kalorienarm ist und was nicht. Wir müssen deshalb auf die Kalorienangabe achten und sie in Vergleich zum Normalprodukt setzen.

Unterschied von Reform und Diät

Wichtig zu wissen: Reformprodukte sind naturbelassen, sie sind ohne chemische Zusätze. Kalorienärmer sind sie nicht! Diät-Produkte sind in ihrer Zusammensetzung strengen gesetzlichen Bestimmungen unterworfen. Kalorienärmer sind sie meistens nicht! Zucker, der für Diabetiker durch Sorbit oder Fruchtzucker ersetzt wurde, ist nicht kalorienreduziert. Kalorienfrei ist nur Süßstoff. Lebensmittel, bei denen Kohlenhydrate durch Eiweiß ersetzt wurden, sind auch nicht kalorienreduziert. Sie sättigen nur stärker.
Merke: Alle Schlankheits-Lebensmittel sind teurer.
Hier eine Übersicht über die Produkte, bei denen Sie wirklich Kalorien sparen. Wieviel, zeigt Ihnen der Vergleich.

Kaloriengehalt von je 100 g	Low Calories Product	Normal-Produkt	Kalorien-Ersparnis	wo zu kaufen?
frisch-fit Leichtkost Halbfett-Margarine	372	733	361	Lebensmittelhandel
Leichte Wertkost-Margarine (nur zum Streichen, kurz haltbar)	380	733	353	Edeka
Magerquark	88	166	78	Lebensmittelhandel
Mager-Joghurt	34	74	40	Lebensmittelhandel
Fink Instant-Trockenmagermilch (entspricht 1 Liter Milch)	350	680	330	Reformhaus
Nestle Molico Instant (entspricht 1 Liter Milch)	360	680	320	Reformhaus Drogerie, Apotheke
slaenk-Brot	210	252	42	Lebensmittelhandel
slaenk-Toast	245	280	35	Lebensmittelhandel
Schneekoppe-Diabetikernudeln (Eiweißgehalt 2½fach normal)	348	390	42	Lebensmittelhandel
Cervelat-Schlankheitswurst (begrenzt haltbar)	170	454	284	Karstadt
Geflügelwürste				
Fleischpastete	196,3	381	184,7	Lebensmittelhandel
Jagdwurst	240,7	400	159,3	Lebensmittelhandel
Mortadella	293	367	74	Lebensmittelhandel
Leberwurst, grob	276	450	174	Lebensmittelhandel
Leberwurst, fein	365	450	85	Lebensmittelhandel
Teewurst	405	540	135	Lebensmittelhandel
Twen-Schlankwurst				
Jagdwurst	185	320	135	Lebensmittelhandel
Bierwurst	204	360	156	Lebensmittelhandel
Kalbs-Lyoner	176	320	144	Lebensmittelhandel
Leichtkost Wiltmann				
Cervelatwurst	210	515	305	Warenhaus
Mortadella	170	367	197	Warenhaus
Jagdwurst	175	320	145	Warenhaus
Schinkenrotwurst	190	400	210	Warenhaus

Kaloriengehalt von je 100 g	Low Calories Product	Normal-Produkt	Kalorien-Ersparnis	wo zu kaufen?
Kräuterleberpastete	180	450	270	Warenhaus
Kalbsleberwurst	265	440	175	Warenhaus
Würstchen	160	239	79	Warenhaus
Spezial-mager				
Rauchfleisch	115	264	149	
Deutsches Corned Beef	125	153	28	
Schinkenlyoner	112	320	208	
Schinkenjagdwurst	113	320	207	
Schinkenwurst mit Zunge				co op-Laden
und Pistazien	120	300	180	GEG-Laden
Bierschinken	113	280	167	
Fleischrotwurst	149	400	251	
Kalbfleisch in Aspik	99	134	35	
Schinken in Aspik	110	200	90	
Schweinezunge in Aspik	154	225	71	

Bemerkung: Alle Magerwurstwaren schmecken ausgezeichnet!

Lihn kalorienarme Fruchtzucker-Konfitüre				
Erdbeeren, Aprikosen, Schattenmorellen, Heidelbeeren, Himbeeren, bittere Orangen, schwarze Johannisbeeren	etwa 130	274	144	Reformhaus
Vogeley-mka-Minikalorien Fruchtaufstrich				
Erdbeeren, Kirsch und Aprikosen	85	274	189	Lebensmittelhandel
Rademann Fruchtzucker-Konfitüren kalorienarm				
Erdbeer, Sauerkirsch, schwarze Johannisbeere	130	274	144	Reformhaus
Bleib immer frisch				
Gemüsesaft-Kombination	17	etwa 30	13	Reformhaus
Cerola D				
Fruchtsaftgemisch	34	50	16	Reformhaus
Dietetic Products				
Aprikosen-Nektar	16	50	34	Lebensmittelhandel
Johannisbeer-Süßmost, Sauerkirsch	16	60	44	Lebensmittelhandel

Kaloriengehalt von je 100 g	Low Calories Product	Normal-Produkt	Kalorien-Ersparnis	wo zu kaufen?
Plurabell-Getränke				
Süßer Zitronensaft	11,2	80	68,8	Lebensmittelhandel
Vogeley-mka-Säfte				
Johannisbeer, Kirsch, Grapefruit	25	65	40	Lebensmittelhandel
D-Pils (Diät-Pils) 0,33 l	100	143	43	Lebensmittelhandel
Obstkonserven mit Süßstoff				
Dietetic Products (nach Sorte)	24–46	92	etwa 60	Reformhaus
Schneekoppe	15	92	77	und
Tevio (nach Sorte)	18–30	92	etwa 70	Lebensmittelhandel
Winnen (nach Sorte)	15–30	92	etwa 75	
Dieto				
Helle Sauce 1/4 l	108	63	171	Kaufhaus
Eto-Suppen				
Hühnersuppe mit Nudeln, Kalbfleischsuppe, Ochsenschwanzsuppe gebunden, Rindfleischsuppe mit Nudeln, Spargelsuppe, Steinpilzsuppe: pro Teller	35	60–100	25–65	Lebensmittelhandel
Studt-Diät-Fertiggerichte				
Huhn auf Reis mit Currysauce	93	160	67	Reformhaus
Rindsragout mit Reis und Gemüse	93	175	82	und
Rindsragout Jägerart mit Nudeln	114	190	76	Drogerie
Geschnetzeltes Kalbfleisch mit Nudeln	103	175	72	
Wiltmann Leichtkost				
Kalbsbraten in Sauce	145	190	45	
Kalbsfrikassee in Sauce	125	170	45	Lebensmittelhandel
Kalbfleischbällchen	145	200	55	Kaufhaus
Diätkost Meinecke				
Kalbsfrikassee	67	170	103	Apotheke
Kalbsrouladen	67	150	83	Drogerie
Geflügelragout fin	83	170	87	Reformhaus
Kohlroulade	40	100	60	Lebensmittelhandel
Gefüllte Paprika	34	90	56	
Gärtnerinnen-Topf	50	100	50	

Kaloriengehalt von je 100 g	Low Calories Product	Normal-Produkt	Kalorien-Ersparnis	wo zu kaufen?
Rademann-Schonkost				
Geflügel in feinen Erbsen und Karotten	83	165	82	Reformhaus
Feines Mischgemüse mit Kalbfleisch	70	140	70	
Feiner Möhrentopf mit Kalbfleisch	73	170	97	
Kalbfleisch in Schwarzwurzeln und Kartoffeln	73	160	87	
Rindfleisch in Karotten und Nudeln	77	190	113	
Kalbfleisch in zartem Gartengemüse	81	160	79	
Hipp Diät Fertiggerichte				
5 verschiedene Suppen	45–125	55–160	10– 50	Apotheke, Drogerien
9 verschiedene Hauptgerichte	215–320	420–600	200–280	
8 verschiedene Süßspeisen	75–120	100–300	25–180	
frisch-fit Leichtkost				
6 verschiedene Salate	110–165	280–360	170–195	Lebensmittelhandel
Dr. Oetker Diabetiker Naschbecher				
Milchspeiseeis Vanille 100 g	121	128	8	Lebensmittelhandel
Fruchteis Zitrone 100 g	105	140	35	
Vogeley-mka-Würzsaucen				
Barbecue-, Ungarische-Chinesische-Sauce	25	90	65	Lebensmittelhandel
Kräuter-Salat-Sauce	89	300	211	Lebensmittelhandel
mka-Schnelldessert				
Schokolade, Karamel, Ananas	75	100	25	Lebensmittelhandel
Screm (statt Schlagrahm)	170	302	132	Lebensmittelhandel
Süssli				
Spezialzucker (nicht für Diabetiker)	197	394	197	Lebensmittelhandel

Die folgenden Diät-Mahlzeiten enthalten alle lebenswichtigen Bestandteile, Vitamine, Mineralien, so daß man mit ihnen Kuren durchführen kann. Die angegebenen Mengen machen so satt wie eine normale Mahlzeit bzw. wie eine Tagesration.

Dr. Kousa Vollweizendiät				
tägliche Menge 200 bis 250 Gramm	768–962	2 300	1532–1338	Apotheke Reformhaus

Milupa Weizen-Gel tägliche Menge 250 Gramm	800	2 300	1 500	Apotheke Reformhaus
Minvitine tägliche Menge 225 Gramm	900	2 300	1 400	Apotheke Drogerie Reformhaus
Dr. Ritters Weizendiät tägliche Menge 250 Gramm	850	2 300	1 450	Reformhaus
Siks Schlankheitskekse tägliche Menge 6 Kekse	900	2 300	1 400	Apotheke
Zupavitin 1 Mahlzeit (Suppenform: Erbsen, Pilze, Spargel, Tomaten)	100	600	500	Apotheke Drogerie
Minikal 1 Mahlzeit (Suppenform: Tomaten, Erbsen, Kartoffeln)	100	600	500	Lebensmittelhandel
1 Mahlzeit (feste Form: Curryreis mit Huhn, Nudeln und Rindfleisch, Champignons mit Reis)	200	600	400	Lebensmittelhandel
Limmits Schlankheits-Diät 1 Mahlzeit (Tomatencreme-Suppe, Spaghetti mit Tomatensauce, Gebäck und Kekse)	100–300	600	300–500	Lebensmittelhandel

Nestargel (Nestlé): Eindickungspulver ohne Kalorien zum Herstellen von Dessert, zum Andicken von Saucen	Apotheke, Drogerie
Kilofort: Vitaminpräparat (Fruchtgeschmack) mit Sättigungseffekt. 1 Teelöffel = 5 Kalorien. ½ Stunde vor Mahlzeit zu nehmen.	Apotheke, Drogerie

Kalorienfreie Süßstoffe

Der Markt der kalorienfreien Süßstoffe besteht aus drei Gruppen:
1. Cyclamate: 1 Tablette = 1 Stück Zucker
Assurgin Gold/feinsüß, Süssetten zartsüß, Ilgonetten (1 Tablette = 2 Stück Zucker), Assurgin Süßpulver (1 Gramm = 10 Gramm Zucker), Ilgon-Pulver (1 Dosierung = 3 Gramm Zucker).

2. Cyclamat plus Saccharin: 1 Tablette = 1½ Stück Zucker
Assurgin vollsüß, natreen-Diätsüße, Sukrinetten edelsüß, Süssetten edelsüß. Ilgon flüssig (1 Teelöffel = 50 Gramm Zucker), natreen-Diätsüße flüssig (1 Teelöffel = 60 Gramm Zucker).
3. Saccharin: 1 Tablette = 2 Stück Zucker
Ilgon-S, Sachillen, Süßstoff »Bayer«, Süßstoff »G«.
Zu den immer wieder auftauchenden Berichten gegen Cyclamate:
Die von der Weltgesundheits-Organisation empfohlene unschädliche Cyclamat-Tagesmenge von 3,5 Gramm besteht aus rund 50 Tabletten.

Nachwort für Nudel-Fans

Aus der Schweiz bringe ich mir die einzigen Nudeln der Welt mit, die wirklich weniger Kalorien haben. Sie schmecken ausgezeichnet, machen noch mehr satt (da größerer Eiweißgehalt) und haben nach einem »Teigwaren-Krieg« mit der Konkurrenz vom Eidgenössischen Gesundheitsamt in Bern die offizielle Erlaubnis, in der Werbung zu sagen, daß sie weniger dick machen als herkömmliche Teigwaren.
Diese Permesso-Spaghetti, -Nudeln, -Spätzli und -Hörnli bringen pro 75-Gramm-Portion (das genügt, um satt zu werden) 150 Kalorien mit. Roh gewogen, bedeutet das herkömmlichen Nudeln gegenüber eine Ersparnis von 141 Kalorien. Das ist schon beachtlich.

Was sind Appetit-Zügler?

Tabletten sind gefährlich

Finger weg von Tabletten! Entweder sind die Schlankmacher nichts als Abführtabletten, die, häufig genommen, den Darm träge machen. Man muß immer stärkere Mittel nehmen, und der Erfolg ist nur momentan. Sie verringern Ihr Gewicht nur um das, was Sie sonst im Darm mit sich herumschleppen oder: die Nahrung wird schneller durch den Darm befördert und dabei weniger ausgenutzt. Doch leider gehen kaum Kalorien verloren, um so mehr aber körpernotwendige Stoffe wie Vitamine, Mineralsalze und ähnliches. Der Erfolg: Müdigkeit, Schwäche, schlechte Laune und kaum weniger Pfunde.
Genauso wirkungslos beim Abmagern, aber gefährlich für die Gesundheit, sind Entwässerungstabletten. Sie bringen einen erstaunlichen Anfangserfolg (genauso wie eine Weizen-Gel-Kur oder das Saftfasten, die zunächst einmal entwässern), aber dann ist es mit der verstärkten Wasserausscheidung vorbei: die Niere stellt sich um und regelt den Wasserhaushalt wieder. Wird sie aber weiter gezwungen, mehr Wasser als normal auszuscheiden, dann kommt es zu schädlichen Mineralverlusten.

Die Nieren sind unbestechlich

Präparate, die Schilddrüsenhormone enthalten, können den Stoffwechsel erhöhen und damit den Kalorienverbrauch steigern. Sie gehören aber nur in die Hand des Arztes, da sie zu Herzbeschwerden und sogar zum Herzinfarkt führen können.
Für sie gilt das gleiche wie für die Appetitzügler, über die das Deutsche Ärzteblatt in seiner Nummer vom 29. 8. 1970 berichtete. Es empfahl den Ärzten, Appetitzügler nur bei strengster Indikationsstellung (genauer Untersuchung des Patienten) zu verordnen und ihre Patienten vor der unkontrollierten Einnahme auch nicht rezeptpflichtiger Präparate nachdrücklich zu warnen. Denn Appetitzügler können gefährlich werden, vor allem soweit sie Verbindungen der Amphetamin- und Ephedrin-Reihe enthalten.
Einige von ihnen sind vom Markt zurückgezogen worden, nachdem sich bei den Benutzern schwere Kreislaufschäden eingestellt hatten.
Mittel, die zu den »Weckaminen« gehören (Stimulantien, die körperliche, geistige Erschöpfung und seelische Niedergeschlagenheit überspielen), können den Appetit vermindern und durch gesteigerte Aktivität den Kalorienverbrauch erhöhen. Sie erhöhen aber auch den Blutdruck, verursachen Nervosität, Schlaflosigkeit und können süchtig machen.

Tabletten-Sucht

Typisch der Brief eines 19jährigen Mädchens an die »Brigitte«: *Ich bin auf meine Appetitzügler angewiesen. Sobald ich auch nur einen Tag darauf verzichte, fresse ich im wahrsten Sinne des Wortes. Aber kann in denn mein ganzes Leben lang weiter diese Tabletten schlucken?*
Mein Rat: Lassen Sie die Finger von Pillen aller Art. Entweder sind sie unschädlich und völlig unwirksam, oder sie sind wirksam, dann sind sie auch schädlich. Nach heutigem Stand der Wissenschaft gibt es keine Tablette, die eine gefahrlose Gewichtsreduktion sichert.

Tabletten für die Verdauung?

Häufig tritt nach den ersten Tagen der Magerei auch bei Leuten mit geregeltem Stuhlgang eine Störung auf, die zu Verstopfung führen kann. Ich habe keine Tabletten genommen, sondern einen abführenden Kräutertee aus dem Reformhaus getrunken, der gleichzeitig die vermehrt anfallenden Schlacken entfernt. Oder aber morgens nüchtern ein Glas lauwarmen Naturbrunnen. Ähnliche Dienste tut auch der Leistungs-Drink von Seite 57.
Sollte bei Ihrer Diät das Gegenteil eintreten, dann brechen Sie sie ab, setzen sich für 2 Tage auf trockenen Toast oder Zwieback und Tee und besprechen Ihre Diät mit dem Arzt.

Tabelle der Maße für den Alltag

3 Teelöffel = 1 Eßlöffel
16 Eßlöffel = 1/4 Liter
1 Suppenteller = 1/4 Liter
1 Tasse = 150 cm^3 (g)
1 Joghurtbecher = 175 cm^3 (g)

Anchovisfilet, 1 Stück = 12 g = 25 Kalorien
Apfel, 1 Stück = 80 g = 40 Kalorien
Apfelstrudel (aus 250 g Teig und 1 kg Apfel-Nuß-Füllung)
1 Stück bei Blätterteig 410 Kalorien, bei Strudelteig 365 Kalorien
Artischocke, 1 Stück = 60 Kalorien
Artischockenherzen, 1 Dose = 250 g = 152 Kalorien
Avokado, 1/2 Stück = 250 Kalorien
Bienenhonig, 1 Teelöffel = 10 g = 30 Kalorien
Birne, 1 Stück = 125 g = 65 Kalorien
Bratensauce, 2 Eßl. = 14 Kalorien
Brötchen, 1 Stück = 50 g = 140 Kalorien
Brühwürfel, 1/4 l = 7 Kalorien
Butter, 1 Eßl. = 15 g = 114 Kalorien
Butter, 1 Teel. = 5 g = 38 Kalorien
Corned beef amerikanisch, 100 g = 225 Kalorien
Corned beef deutsch, 100 g = 155 Kalorien

Cornflakes, 3 Eßlöffel = 10 g = 36 Kalorien
Cottage Cheese (Jocca) 1 Schale = 200 g = 200 Kalorien
Ei, 1 Stück = 57 g = 87 Kalorien
Erbsensuppe aus dem Päckchen, 1 Teller = 1/4 Liter = 68 Kalorien
Erdnüsse, 8 Stück = 15 g = 90 Kalorien
Fischstäbchen tiefgekühlt, 150 g = 159 Kalorien
Frankfurter Würstchen, 1 Paar = 100 g = 250 Kalorien
Frenchdressing (fertig), 1 Eßlöffel = 12 g = 35 Kalorien
Gartenkräuter-Dressing (fertig), 1 Eßlöffel = 12 g = 32 Kalorien
Gelatine, 1 Blatt = 2 g = 7 Kalorien
Graubrot, 1 Scheibe = 40 g = 100 Kalorien
Harzer Käse (10%), 50 g = 96 Kalorien
Haselnüsse, 10 Stück = 15 g = 95 Kalorien
Helle Sauce, fertige, 2 Eßlöffel = 22 Kalorien
Italiendressing (fertig), 1 Eßlöffel = 12 g = 47 Kalorien
Jägersauce, 2 Eßl. = 17 Kalorien
Joghurt (mager), 1 Becher = 175 g = 60 Kalorien
Kaffeesahne, 1 Teel. (10%) = 5 Kalorien
Kalbsleber, 1 Scheibe = 100 g = 143 Kalorien
Kartoffelbrei, 1 gehäufter Eßlöffel = 60 g = 72 Kalorien
Kartoffelchips, 8 Stück = 15 g = 100 Kalorien
Kartoffelknödel, 1 Stück = 100 Kalorien
Knäckebrot, 1 Scheibe = 10 g = 38 Kalorien
Leibniz-Keks, 1 Stück = 20 Kalorien
Linsen-Eintopf aus dem Paket, 1 Teller = 1/4 Liter = 198 Kalorien
Mandeln, 8 Stück = 10 g = 65 Kalorien
Margarine, 1 Eßl. = 15 g = 110 Kalorien
Margarine, 1 Teel. = 5 g = 37 Kalorien
Mayonnaise, 1 Eßlöffel = 30 g = 210 Kalorien
Meerrettich, geriebener, 1 Teelöffel = 5 g = 4 Kalorien
Mehl, 1 gestrichener Eßlöffel = 10 g = 37 Kalorien
Mehl, 1 gehäufter Eßlöffel = 25 g = 92 Kalorien
Milch (Magerstufe), 1 Teelöffel = 5 g = 1,7 Kalorien
Nudeln (Eier-) = 125 g roh = 425 g gekocht = 488 Kalorien
Ochsenschwanzsuppe, 1/4 l = 100 Kalorien
Öl, 1 Eßl. = 9 g = 84 Kalorien
Öl, 1 Teelöffel = 2 g = 19 Kalorien
Ölsardinen, 2 Stück = 60 g = 160 Kalorien
Oliven mit Stein, 9 kleine = 70 g = 98 Kalorien
Orange, 1 Stück = 100 g = 50 Kalorien
Paprikaschote, 1 Stück = 125 g = 27 Kalorien
Parmesankäse, 1 gestrichener Eßlöffel = 7 g = 30 Kalorien
Pizza aus 250 g Mehl, mit Sardinen belegt, 1/8 Stück = 290 Kalorien
Pizza mit Tomaten und Käse, gleiche Größe, 1/8 Stück = 270 Kalorien
Pudding mit Milch (Kaltrühr-), 1 Portion = 100 g = 100 Kalorien

Pumpernickel, 1 Scheibe = 40 g = 97 Kalorien
Puterschnitzel, 1 Scheibe = 100 g = 116 Kalorien
Quark, 1 Eßlöffel = 25 g = 24 Kalorien
Rahm, 1 Eßl. (28%) = 30 Kalorien
Rebhuhn, 1 Stück = 200 Kalorien
Reis (roh), 1 gestrichener Eßlöffel = 15 g = 55 Kalorien (Reis verdreieinhalbfacht sich beim Kochen)
Reis (roh), 1 Portion = 75 g = 285 Kalorien
Roastbeef, 1 Scheibe = 80 g = 140 Kalorien
Romadur (20%), 50 g = 97 Kalorien
Rosinen, 12 Stück = 5 g = 14 Kalorien
Salzstangerl, 6 Stück = 5 g = 13 Kalorien
Sardellenpaste, 1 Teelöffel = 5 g = 21 Kalorien
Schinken gekocht, 1 Scheibe = 50 g = 140 Kalorien
Schinken roh, 1 Scheibe = 50 g = 195 Kalorien
Schlagsahne, 1 Eßl. = 36 Kalorien
Schlemmerfilet Romana tiefgekühlt = 200 g = 108 Kalorien
Semmelbrösel, 1 gehäufter Eßlöffel = 15 g = 52 Kalorien
Senf, 1 Teelöffel = 5 g = 4 Kalorien
Soft-Eis, Milch, 1 Portion = 50 g = 66 Kalorien
Soft-Eis, Frucht, 1 Portion = 50 g = 51 Kalorien
Suppe (Dose) gebunden, 1/4 l = 90–160 Kalorien
Suppe (Dose) klar, 1/4 l = 50–91 Kalorien
Spaghetti (roh), 1 Portion = 75 g = 291 Kalorien (Spaghetti werden beim Kochen um ein Drittel mehr)
Toastbrot, 1 Scheibe = 30 g = 75 Kalorien
Tomatencremesuppe aus dem Päckchen, 1 Teller = 1/4 Liter = 92 Kalorien
Tomatenketchup, 1 Eßlöffel = 15 g = 33 Kalorien
Tomatensauce, fertige, 2 Eßlöffel = 20 Kalorien
Trockensuppe gebunden oder mit Einlage, 1/4 l = 50–85 Kalorien
Vanillezucker, 1 Päckchen = 39 Kalorien
Vollkornbrot, 1 Scheibe = 45 g = 105 Kalorien
Wiener Würstchen, 1 Stück = 35 g = 96 Kalorien
Würfelzucker, 1 Stück = 3–5 g = 12–20 Kalorien
Zucker, 1 gestrichener Teelöffel = 5 g = 20 Kalorien
Zucker, 1 gehäufter Eßlöffel = 20 g = 78 Kalorien
Zitrone, 1 Stück = 3 Eßlöffel Saft = 27 Kalorien

Das goldene Schlußwort: Gewicht halten ist nicht schwer

Rufen Sie bitte nicht höhnisch *er lügt!*
Während ich dieses Buch beende, habe ich schon ein halbes Jahr lang mein neues Gewicht von 85 Kilo gehalten und es sieht so aus, als sei dies das Gewicht, auf das sich mein Körper eingependelt hat.

Willkommene Stabilität

Ich halte aber keine Diät mehr. Esse normal, denn mein Appetitzentrum ist wieder in Ordnung.
Nach wie vor kontrolliere ich mein Gewicht jeden Tag und kann so eventuelle Sünden ganz leicht wieder ausgleichen. Lassen Sie sich bei diesem täglichen Wiegen nicht von den Schwankungen durch Ihren Wasserhaushalt beirren: wichtig ist immer der Wochendurchschnitt.
Verzichtet habe ich ganz auf Mayonnaisen und andere unnötige Fettigkeiten, ohne daß mir das schwer fällt. Meine Süßigkeitssucht habe ich echt überwunden: ich esse hin und wieder eine Praline, weniger aus Bedürfnis als um mir zu beweisen, daß ich nicht mehr darauf angewiesen bin. Und weil sie mir schmeckt!
Inzwischen weiß ich, wieviel Nahrung zur Erhaltung meines Normalgewichts notwendig ist (früher wußte ich das nicht). Und – ich kann Ihnen versichern: es ist eine ganze Menge. Ich kann nach wie vor genießen, probieren und auch trinken. Legen Sie sich selbst aber eine obere Gewichtsschwelle fest, die Sie nie, aber auch wirklich nie mehr überschreiten wollen. Dann werden Sie dieses Buch in die Ecke stellen können und es nur noch als Kochbuch benutzen. Denn eine Abmagerungskur brauchen Sie nicht mehr zu machen.

Jünger, schöner, modischer

Sie werden entdecken, daß ein starkes Gefühl der Selbstzufriedenheit Ihnen das neue Leben als Normalgewichtiger leicht macht. Daß Sie keine Elefantengröße in Kleidern und Hemden mehr brauchen, daß Sie Sachen tragen können, die es vorher für Sie nicht zu kaufen gab, und daß Sie einige Jahre jünger aussehen. Ein wichtiger modischer Ratschlag, der zugleich ein psychologischer ist. Männer sollten sich schon während des Abnehmens ein, zwei passende Hemden kaufen, auf die Gefahr hin, daß sie bei Erreichung des Zielgewichts auch zu groß sind. Man nimmt am Hals relativ stark ab und der Hals verliert die Spuren dieses Gewichtsverlusts nur langsam. Wenn dann um einen dünn und übergangsweise faltig gewordenen Hals ein zu weiter Kragen schlackert, sieht man leicht aus wie eine Mischung von Clown Grock und einem kranken Rentner. Und man gibt denen Wasser auf die Mühle, die Abnehmen für dumm, ungesund und eitel halten und einem so gerne versichern, daß man dick doch viel gesünder, gemütlicher und typischer ausgesehen habe.

Das Ändern von Anzügen sollte man allerdings erst veranlassen, wenn man das Idealgewicht erreicht hat. Es ist teuer. Seien Sie pessimistisch und lassen Sie sich im Hosenbund einige Zentimeter Spielraum.

Denn ganz genau können Sie nicht sagen, wo sich Ihr zukünfiges Gewicht einpendeln wird.

Bei mir sind die Zusatz-Zentimeter bisher nicht nötig geworden. Und wenn Sie vorher nur Maßkleidung tragen konnten: entdecken Sie die Vielfältigkeit, die Eleganz und die Preiswürdigkeit der Konfektion. Frauen werden endlich auch zu den Ständern zugelassen, die bisher für sie tabu waren.

Bewußt essen macht Spaß

Außerdem macht es Spaß, bewußt zu essen. Man wird feinschmeckerischer und wählerischer.

Denken Sie daran, daß es fünf kritische Phasen gibt, bei denen man zunehmen kann, und hüten Sie sich vor denen, die Sie noch vor sich haben (oder helfen Sie ihren Kindern):

1. Die Pubertät mit den Spannungen des Erwachsenwerdens.
2. Die Heirat mit einer Umstellung auf ein neues Leben zu zweit.
3. Die Schwangerschaft mit der Verantwortung für einen neuen Menschen in Ihrer Familie. Auch Vater kann dadurch dick werden.
4. Die Wechseljahre mit der Erkenntnis: die Jugend ist vorbei.
5. Das Alter mit den Sorgen vor Krankheiten, mit dem Drang, noch zu genießen, und mit einer notwendigen Ernährungsumstellung.

Wenn Sie in diesen Punkten sich und Ihren Bauch in der Hand haben, werden Sie von nun an ein Normalgewichtiger bleiben und bald die Nöte eines Dicken vergessen haben.

Glauben Sie mir: so schön war es nicht, verfressen zu sein!

Hier bestätigen Sie sich selbst

Als psychologische Hilfe während und als Erfolgsbestätigung nach Ihrer Abmagerei dieses Albumblatt.
Kleben Sie in den Rahmen VORHER ein Foto, das Sie gewichtig zeigt. Vergleichen Sie Ihr Spiegelbild während des Abnehmens mit diesem Foto. Kleiner Kniff: nehmen Sie eins, auf dem Sie ganz besonders dick erscheinen.
Haben Sie Ihr Ziel erreicht, lassen Sie sich, wenn Sie Ihr Gewicht einige Wochen lang gehalten haben und Sie, nach großem Gewichtsverlust nicht mehr erschöpft aussehen, neu fotografieren und kleben Sic das zweite Bild in den Rahmen NACHHER. Diese Dokumentation stärkt nicht nur Ihr Selbstgefühl, sondern zeigt allen Ihren Bekannten, was Sie geschafft haben. Und ist eine ständige Mahnung, nicht wieder dick zu werden.

VORHER

NACHHER

Verzeichnis der Rezepte

Wenn Sie Ihr neues Gewicht erreicht haben ...

dann dürfen und sollten Sie sich und Ihren Gästen neue kulinarische Freuden machen mit anderen Bestsellern von »Stern«- und Fernsehkoch Ulrich Klever, die alle in gleicher Gestaltung wie »Alles, was schlank macht« in unserer Reihe Feinschmecker-Kochbücher erschienen sind: